DAS BUCH
DER FÜNF RINGE

GORIN NO SHO

五輪書

MIYAMOTO MUSASHI

MIYAMOTO MUSASHI (1584–1645) war ein berühmter japanischer Samurai, Autor und Philosoph des
frühen 17. Jahrhunderts. Er hatte über 60 Duelle
und verlor nicht eines. Seine Karriere begann er als
Schwertkämpfer im Alter von 13 Jahren. Musashi
hatte auch Talente in Malerei und Architektur und
beeinflusste maßgebend die japanische Kultur.

Miyamoto Musashi

DAS BUCH DER FÜNF RINGE
GORIN NO SHO

Über die Kampfkünste der Samurai
— Ein Strategie-Ratgeber für alle Lagen —

AuraBooks

– Bibliografische Information der Deutschen Nationalbibliothek –
Die Deutsche Nationalbibliothek verzeichnet diese Publikation in
der Deutschen Nationalbibliografie; detaillierte bibliografische Daten
sind im Internet über http://dnb.d-nb.de abrufbar.

IMPRESSUM

ISBN: 978-3734771149

MIYAMOTO MUSASHI: GORIN NO SHO

– DAS BUCH DER FÜNF RINGE –

Originalausgabe 2023 (Print/eBook) by © AuraBooks®

Entstanden etwa zwischen 1643 bis 1645 in Japan

Übersetzung: Nakano Akira für AuraBooks, mit Heranziehung des ins moderne
Japanisch übertragenen Originaltextes, sowie zweier amerikanischer Ausgaben.
Die Struktur des Textes folgt der amerikanischen Ausgabe von
Victor Harris, ›A Book of Five Rings‹, The Overlook Press, NY, 1974
Einige der Fußnoten sind ebenfalls an Harris angelehnt.

Redaktion: Armin J. Fischer | Lektorat und Umschlaggestaltung: das_redaktionsbuero
Herausgeber: © AuraBooks® | redaktion@aurabooks.de | www.aurabooks.de
Herstellung und Verlag: BoD – Books on Demand, Norderstedt
Dieses Buch gibt es auch als eBook,
z. B. im amazon Kindle Bookstore

INHALT

VORWORT DES HERAUSGEBERS

»GORIN NO SHO« oder »Das Buch der fünf Ringe« ist eines der bedeutendsten Werke der Samurai-Literatur und wurde vom berühmten japanischen Schwertkämpfer und Strategen Miyamoto Musashi (1584–1645) geschrieben. Es handelt von den Prinzipien des Schwertkampfs und der Kriegsführung, aber auch von grundlegenden menschlichen Eigenschaften wie Selbstdisziplin, Intelligenz und Weisheit.

Musashi war ein ungewöhnlich erfolgreicher und erfahrener Samurai und Schwertkämpfer. Er betont in seinem Buch, dass es nicht alleine darum gehe, ein Meister im Schwertkampf zu sein, sondern dass man mit denselben Tugenden, die einen exzellenten Krieger ausmachen, auch in anderen Bereichen, wie zum Beispiel in der Kunst oder im Geschäftsleben, erfolgreich sein könne.

Obwohl »Gorin no Sho« in der Mitte des 17. Jahrhunderts ursprünglich für Samurai geschrieben wurde, finden sich darin Prinzipien und Inspirationen, die über die Schwertkampfkunst weit hinausreichen. Es ist ein Buch für alle, die nach Weisheit und Erkenntnis streben, und es bietet Anleitungen, etwa für die persönliche Entwicklung und die Menschenführung, sowie für ein erfülltes und erfolgreiches Leben im Allgemeinen.

»Gorin no Sho« bedeutet wörtlich »Fünf Ringe Buch«. Der Name bezieht sich auf die fünf Ringe des Schwertes, welche in diesem Buch beschrieben werden. Jeder Ring symbolisiert einen bestimmten Aspekt in der Strategie des Schwertkampfs und im Leben. Sie sind angelehnt an die fünf Elemente des Buddhismus – Erde, Wasser, Feuer, Wind und Leere – die in vielen buddhistischen Texten und Handreichungen vorkommen.

Der Name von Musashis Schule der Kampfkünste ist »Ni Ten Ichi Ryu«, wörtlich »Zwei Himmel, eine Strömung«. – ›Zwei Himmel‹ bezieht sich dabei auf die Idee, dass der Kämpfer sowohl die Techniken des Schwertkampfs als auch die innere Haltung des Kriegers entwickeln muss, um erfolgreich zu sein. Später wurde die Schule auch »Ni To Ichi Ryu« genannt, wörtlich »Zwei Schwerter, eine Strömung«.

Die Lehre von Ni Ten Ichi Ryu ist im Kern auf die Idee ausgerichtet, dass jede Situation und jeder Gegner einzigartig ist und dass es keine festen Regeln oder Techniken gibt, die in jeder Situation angewendet werden können. Stattdessen betont es die Fähigkeit, undogmatisch schnell und flexibel auf die Umstände zu reagieren und die richtige Technik oder Strategie für die jeweilige Situation auszuwählen.

MIYAMOTO MUSASHI war ein berühmter japanischer Samurai, Autor und Philosoph des frühen 17. Jahrhunderts. Er hatte über 60 Duelle und verlor nicht eines. Seine Karriere begann er als Schwertkämpfer im Alter von 13 Jahren. Er gilt als einer der größten Samurai aller Zeiten. Musashi hatte auch Talente in Malerei und Architektur und beeinflusste maßgebend die japanische Kultur. Er starb im Alter von 60 Jahren, während er an seinem letzten Werk, »Dokkōdō« arbeitete. Dies ist eine Sammlung von Musashis letzten Gedanken und enthält ebenfalls viele tiefgründige Weisheiten.

DAS BUCH DER FÜNF RINGE
EINLEITUNG

SEIT VIELEN JAHREN studiere und lehre ich den Weg[1] der Strategie, Ni Ten Ichi Ryu[2] genannt, und nun denke ich, ist es an der Zeit, meine Erkenntnisse schriftlich festzuhalten. Wir sind in den ersten zehn Tagen des zehnten Monats im zwanzigsten Jahr Kanei (1645). Ich habe den Berg Iwato von Higo in Kyushu bestiegen, um dem Himmel zu huldigen, zu Kwannon[3] zu beten und vor Buddha zu knien. Ich bin ein Krieger aus der Provinz Harima, mein Name ist Shinmen Musashi no Kami Fujiwara no Genshin, sechzig Jahre alt.

Seit früher Jugend ist die Wissenschaft der Kampfkünste meine Leidenschaft. Mein erstes Duell hatte ich mit dreizehn Jahren, ich schlug damals einen Strategen der Shinto-Schule, einen gewissen Arima Kihei. Mit Sechzehn schlug ich den großen Kampfkünstler Tadashima Akiyama, mit einundzwanzig ging ich in die Hauptstadt, traf auf viele Kämpfer und war stets siegreich.

Danach zog ich von Provinz zu Provinz, maß mich mit Kampfkünstlern verschiedener Schulen und unterlag nicht ein einziges Mal, obwohl ich sechzig Begegnungen hatte. Das alles geschah zwischen meinem dreizehnten und neunundzwanzigsten Lebensjahr.

---

[1] Das Schriftzeichen für ›Weg‹ wird im Japanischen als ›Michi‹ und im Chinesischen als ›Dao‹ gelesen. In beiden Sprachen bezieht es sich auf die Idee eines Weges oder einer Richtung, sowohl physisch als auch metaphorisch, und bedeutet hier das ganze Leben des Kriegers, seine Hingabe an das Schwert, seinen Platz in der konfuzianischen Hierarchie.

[2] Name von Musashis Schule der Kampfkünste, wörtlich »Zwei Himmel, eine Strömung«. – ›Zwei Himmel‹ bezieht sich auf die Idee, dass der Kämpfer sowohl die Techniken des Schwertkampfs als auch die innere Haltung des Kriegers entwickeln muss, um erfolgreich zu sein. Später auch »Ni To Ichi Ryu« genannt, wörtlich »Zwei Schwerter, eine Strömung«.

[3] Kannon oder Kwannon (chinesisch Guanyin) ist eine der beliebtesten buddhistischen Gottheiten und repräsentiert die Aktivität des universellen Mitgefühls. Sie ist auch die Schutzpatronin jenes Tempels, in den sich Musashi regelmäßig zurückzog.

Als ich dreißig wurde, blickte ich auf meine Vergangenheit zurück. Ich erkannte, dass meine Siege nicht auf vollendete Kampfkünste zurückzuführen waren. Vielleicht war es mehr mein angeborenes Talent oder eine Fügung des Himmels. Oder die Strategien anderer Schulen waren einfach schlecht. Jedenfalls übte ich danach Tag und Nacht, um eine tiefere Einsicht zu erlangen, und erkannte schließlich die wahre Wissenschaft der Kampfeskunst. Damals war ich fünfzig Jahre alt.

Seitdem praktiziere ich weltoffener und mit freiem Geist. Ich verwandle meine blanke Kampferfahrung in alle anderen Künste und Fähigkeiten und brauche keinen Lehrer[4] dazu. So habe ich denn beim Verfassen dieses Buches weder die alten Aussprüche des Buddhismus oder Konfuzianismus übernommen, noch verwende ich alte Geschichten aus militärischen Aufzeichnungen oder aus Büchern über Kampftaktiken.

Ich greife zum Schreibpinsel, um den wahren Geist[5] der Ichi-Schule zu erklären; mit Himmel[6] und Kwannon als Spiegel beginne ich um die Stunde des Tigers[7] des zehnten Tages des zehnten Monats zu schreiben.

Shinmen Musashi[8] (an Teruo Magonojo[9])

---

[4] Musashi studierte verschiedene Künste an verschiedenen Schulen, aber als er nach seiner Erleuchtung seine persönlichen Exerzitien fortsetzte, hatte er sich von traditionellen Vorbildern und Lehrern getrennt.

[5] ›Shin‹, ähnlich ›Kokoro‹ wird mit ›Herz‹, ›Seele‹ oder ›Geist‹ übersetzt. Man sagt auch: »Das Schwert ist die Seele des Samurai.«

[6] Hommage an den Himmel: ›Ten‹ oder ›Himmel‹ bedeutet in der Shinto-Religion, der alten Religion Japans, ein Wort, das die beiden Elemente Kami (Gott) und Michi (Weg) verbindet.

[7] Die Stunde des Tigers: Jahre, Monate und Stunden wurden nach dem alten chinesischen Tierkreis-Zeitsystem benannt.

[8] Miyamoto Musashi

[9] Der Schüler, manchmal auch Teruo Nobuyuki genannt, an den Musashi das Gorin no Sho gerichtet hatte.

DAS BUCH DER ERDE

GRUNDVORAUSSETZUNGEN, SOWIE WESEN
UND BEDEUTUNG DER KAMPFKUNST

STRATEGISCHE KAMPFKÜNSTE sind das Handwerk des Kriegers. Gerade Kommandeure müssen das Handwerk beherrschen, und Soldaten sollten diesen Weg kennen. Doch heutzutage gibt es keinen Krieger auf der Welt, der den Weg der Strategie wirklich versteht.

Es gibt verschiedene Wege, sein Leben zu gestalten. Der Buddhismus ist der Weg der Erlösung durch das Gesetz des Buddha, der Konfuzianismus ist ein Weg, Weisheit zu gewinnen. Für den Arzt ist Heilung der Weg; für den Dichter die Kunst der Poesie[10]. Andere betreiben die Kunst des Tee-Zubereitens[11], Bogenschießens[12] oder die Handwerkskünste. Die Menschen üben die Wege, zu denen sie neigen, und entwickeln individuelle Vorlieben. Doch nur wenige Menschen entwickeln die Lebensweise des Kriegers.

Zunächst bedeutet der Weg des Kriegers Vertrautheit mit Kultur und mit der Kampfkunst, und er sollte sich auf beides verstehen. Selbst wenn er kein natürliches Talent dafür hat, soll der Krieger

---

[10] im Original: »...den Weg des Waka«: Waka bedeutet in etwa »Lied in Harmonie«; es ist eine traditionelle japanische Gedichtform aus dem 7. Jahrhundert, die aus fünfzehn Silben besteht und in 31 Wörtern verfasst ist.

[11] Das Tee-Zubereiten wird in Schulen gelehrt, genau wie das Schwertfechten. Es ist im Grunde ein Ritual, das auf einfachen, raffinierten Regeln zwischen wenigen Personen in einem kleinen Raum basiert.

[12] Der Bogen war die Hauptwaffe der Samurai der Nara- und Heian-Zeit (710–1185 n. Chr.) und wurde später vom Schwert abgelöst. Bogenschießen wird als Ritual wie Schwertkunst und Tee-Zubereitung praktiziert. Hachiman, der Gott des Krieges, wird oft als Bogenschütze dargestellt, und der Bogen wird oft als Teil der Utensilien der Götter gezeigt.

den Weg von Feder und Schwert[13], Kunst und Kampf so weit stärken, wie es ihm irgend möglich ist. Im engeren Sinne ist der Weg des Kriegers die resolute Akzeptanz des Todes.[14]

Doch was diese Kühnheit betrifft, so ist sie nicht auf Krieger beschränkt. Auch Priester, Frauen, Bauern und niedere Leute können bereitwillig aus Pflichtgefühl sterben. Sie schämen sich, die Pflicht zu vernachlässigen und opfern sich; es gibt diesbezüglich keine großen Unterschiede.

Der Weg der Kampfkunst basiert auf der Überwindung anderer Menschen. Durch den Sieg, der durch das Kreuzen der Schwerter mit Einzelpersonen oder durch den Kampf mit einer großen Zahl errungen wird, erwerben wir Macht und Ruhm für uns selbst oder unseren Herrn.[15]

Es mag sicher viele Menschen geben, die meinen, dass, selbst wenn man die Kunst des Kampfes beherrscht, diese wenig nützt, wenn man überrascht wird. Doch die wahre Kunst liegt hierin, die Strategie so zu üben, dass sie erstens jederzeit einsatzfähig ist, und zweitens, dass sie im Leben in jeder Hinsicht hilft, auch in Friedenszeiten. Das ist die Tugend der Strategie.

---

13 ›Bunbu Ichi‹ oder ›Stift und Schwert im Einklang‹. Junge Männer während der Tokugawa-Zeit (auch Edo-Zeit, 1603–1868) wurden ausschließlich im Verstehen der chinesischen Klassiker und im Schwertkampf ausgebildet. Stift und Schwert füllten tatsächlich das Leben des japanischen Adels aus.

14 Resolute Akzeptanz des Todes (Shinjin-dō): Diese Idee kann als die Philosophie zusammengefasst werden, die im Hagakure (Ehrenkodex der Samurai) dargelegt wird, und die sinngemäß propagiert: »Der konsequente Weg des Kriegers ist der Tod.«

15 Unser Herr: Bezieht sich auf die Daimyo, die jeweils eine Anzahl von Samurai unterhielten, um für sie zu kämpfen. Daimyo waren die mächtigen und reichen Landbesitzer im feudalen Japan, die in der Edo-Zeit die Macht in den Provinzen hielten. Diese Adligen unterstanden dem Shogun, dem obersten Herrscher Japans und hatten die Kontrolle über lokale Armeen und Verwaltungen.

Der Weg zum Verständnis
der Kampfkünste

In China und Japan werden Praktizierende des Weges der Strategie als Meister der Kampfkünste bezeichnet. Krieger sind dazu angehalten, diese Wissenschaft zu lernen.

Es gibt heute Menschen, die ihren Lebensunterhalt als Kampfkünstler verdienen, in Wirklichkeit sind sie nur Schwertfechter. Die Priester der Kashima- und Katori-Schreine[16] in der Provinz Hitachi haben solche Schulen gegründet, und behaupten, ihre Lehren seien von den Göttern selbst übermittelt worden. Sie reisen durchs Land, um sie an die Menschen weiterzugeben; aber das ist eigentlich moderner Unsinn.

In alten Zeiten wurde die »Kunst des Vorteils« unter den Zehn Fähigkeiten und Sieben Künsten als essentielle Übung aufgeführt. Es ist in der Tat eine Kunst, aber als Übung ist sie nicht auf das Schwertfechten beschränkt. Auch die Meisterschaft bei der Führung des Schwerts selbst kann man nicht alleine durch technische Fähigkeiten erreichen. Sondern es gehört mehr dazu: Übersicht, Umsicht und Strategie.

Heute machen viele Männer ihre Kunst zu kommerziellen Produkten. Sie blähen sich auf zu einer Blume, dabei kommt es auf den tieferen Kern an, nicht auf den Schein. Sie sprechen von »diesem

---

[16] Die Kashima- und Katori-Schreine im Osten Japans waren dem Krieg gewidmet. Der Kashima-Schrein besänftigt den Gott Takemikazuchi-no-mikoto, der seit der Antike als Kriegsgott verehrt wird. Der Kult dieses Schreins rührt her aus der frühen Eroberung der größten japanischen Inseln in weiter Vergangenheit. Der Katori-Schrein besänftigt den Gott Futsunushi-no-kami. Dieser Schrein soll in der Zeit von Jimmu Tennō (ca. 660 v. Chr., dem ersten Kaiser Japans, errichtet worden sein, dessen Name Jimmu ›Göttlicher Krieger‹ bedeutet.

Dojo« und »jenem Dojo«[17], doch sie meinen Profit. Wir müssen zwischen Oberflächlichem und Wesentlichem unterscheiden. Es kommt auf die Einstellung an, nicht auf die Dekoration. Nicht der Profit ist wichtig, sondern das Erkennen. Jemand sagte einmal: »Unreife Strategie ist die Ursache der Trauer und schwerer Wunden.« Das ist ein wahres Wort.

Es gibt vier Wege, auf denen Männer durchs Leben gehen: als Ritter, als Bauern, als Handwerker und als Kaufleute.

Der Weg des Bauern: Mit landwirtschaftlichem Wissen und Geräten verfolgt er von Frühling bis Herbst den wechselnden Ertrag der Jahreszeiten.

Zweitens der Weg des Kaufmanns. Der Winzer beschafft sich seine Zutaten und verwendet sie, je nach Qualität des Weins, um seinen Lebensunterhalt zu verdienen. Der Weg des Kaufmanns besteht darin, immer von der Spanne zwischen Investition und Ertrag zu leben.

Drittens der edle Krieger, dessen Begleiter die Waffen sind. Der Weg des Kriegers besteht darin, die Tugend seiner Waffen zu beherrschen. Das Versagen, Waffen zu beherrschen und die besonderen Vorteile jeder Waffe zu verstehen, deutet auf einen Mangel an Kultur bei einem Mitglied eines Kriegerhauses hin.

Viertens, der Weg des Handwerkers. So besteht der Weg des Zimmermanns darin, im Gebrauch seiner Werkzeuge geübt zu werden, und jedes Werkzeug geschickt einzusetzen. Pläne mit Winkel und Lineal richtig zu erstellen und seinen Lebensunterhalt durch sorgfältige Ausübung des Handwerks zu bestreiten.

Dies sind die vier Wege: der des Herrn, des Bauern, des Handwerkers und des Kaufmanns. Nun werde ich die Wissenschaft der Kampfkünste veranschaulichen, indem ich sie mit dem Weg des Zimmermanns vergleiche.

---

[17] ›Dojo‹ bedeutet ›Kampfplatz‹ oder ›Wegplatz‹, der Raum, in dem etwas studiert wird. Ein Schüler, der sich in eine Schule einschreibt, wird im spirituellen Sinne durch das ›Tor des Dojo‹ (Naikan) gehen.

Der Weg des Zimmermanns als Metapher für die Kriegskunst

Der Zimmermann[18] und seine Arbeit am Haus werden hier als Sinnbilder verwendet. Man spricht von vier Häusern: das des Handwerks, Militärhäusern, Häusern der Künste, Häusern des Adels. Man kann ein verfallendes Haus oder ein fortbestehendes Haus vor Augen haben; und wir sprechen vom Stil oder der Tradition eines Hauses[19]. Der Begriff ›Haus‹ eignet sich somit sehr gut als Metapher für das Folgende.

Die Schriftzeichen im Wort ›Zimmermann‹ bedeuten auch ›große Fähigkeit‹ oder ›Masterplan‹. Der Weg der Strategie ist insofern ähnlich, als es einen Feldzugsplan gibt. Da die Wissenschaft der Kampfkünste großes Geschick und meisterliche Planung erfordert, verwende ich den Vergleich zur Tischlerei.

Wenn du die Wissenschaft der Kampfkunst erlernen möchtest, verinnerliche dieses Buch. Lass den Lehrer die Nadel sein, lass den Schüler der Faden sein und übe unablässig.

Wie der Zimmermeister muss auch der Kommandant die Naturgesetze, die architektonische Theorie von Türmen und Tempeln und die Pläne von Palästen kennen und muss Männer beschäftigen, um Häuser zu errichten. In dieser Hinsicht entspricht der Meisterzimmermann dem Meisterkrieger, dem Kommandanten eines Kriegerhauses.[20]

---

[18] Alle Gebäude in Japan, mit Ausnahme der Mauern der großen Burgen, die einige Generationen vor Musashis Geburt entstanden, waren aus Holz. ›Zimmermann‹ kann also auch Architekt oder Baumeister bedeuten.

[19] Vier Häuser: Es gab vier Zweige der Familie Fujiwara, die Japan in der Heian-Zeit beherrschten. Es gibt z. B. auch vier verschiedene Teeschulen.

[20] Kriegerhaus: Die Kriegerfamilien, die Japan über den größten Teil seiner Geschichte kontrolliert hatten, unterhielten private Armeen, jede mit ihrem eigenen Kommandanten.

Da der Zimmermeister der Gesamtorganisator und Leiter der Brigade ist, gehört es auch zu seine Pflichten, die Vorschriften des Landes zu verstehen, die Vorschriften des Ortes zu kennen und die Vorschriften des eigenen Betriebs zu beachten.

Beim Bau von Häusern wird die Wahl der Hölzer getroffen: Gerades, unverzweigtes Holz mit gutem Aussehen wird für die sichtbaren Pfeiler verwendet. Gerades Holz mit kleinen Mängeln kann man für die inneren Pfeiler verwenden. Gutes, aber nicht so starkes Holz setzt man für Schwellen, Stürze, Türen und Schiebetüren[21] ein. Starkes Holz, das knorrig und unschön aussieht, kann immer diskret im Bau verwendet werden. Verknotetes, krummes und schwaches Holz nimmt man zum Gerüstbau, und später kann es als Brennholz dienen.

Der Zimmermeister teilt seine Leute ihren Fähigkeiten nach zur Arbeit ein: Bodenleger, Hersteller von Schiebetüren, Schwellen und Stürzen, Decken usw. – Die Ungeübten legen die Bodenbalken, die Anfänger schnitzen Keile und erledigen derartige Arbeiten. Wenn der Vorarbeiter seine Leute gut kennt und intelligent ins Spiel bringt, wird die fertige Arbeit gut.

So sollte der Leiter der Baubrigade die Fähigkeiten und Grenzen seiner Leute berücksichtigen, zwischen ihnen umhergehen und nichts Unvernünftiges verlangen. Er sollte ihre Moral und ihren Geist kennen und sie bei Bedarf ermutigen. Das Prinzip der Führerschaft in der Kampfkunst ist ebenso.

---

[21] Japanische Gebäude verwendeten großzügig Schiebetüren, verschiebbare Wände und Fensterläden aus Holz, die nachts und bei schlechtem Wetter vor die Tür- und Fensteröffnungen geschoben werden.

Die Wissenschaft der Kampfkünste

Wie ein Soldat schärft der Zimmermann seine Werkzeuge selbst.[22] Er trägt seine Ausrüstung in seinem Werkzeugkasten. Unter Anleitung seines Meisters oder Vorarbeiters fertigt er Säulen und Träger mit der Dechsel[23], formt Dielen und Regale mit dem Hobel, und schnitzt sogar feine Locharbeiten und Flachreliefs akkurat und mit so exzellentem Schliff, wie es seine Geschicklichkeit zulässt. Dies ist das Handwerk der Zimmerleute. Wenn der Zimmermann geschickt ist und die Aufgabe versteht, kann er Vorarbeiter werden.

Die Routine des Zimmermanns ist, scharfe Werkzeuge zu haben und sie gewetzt zu halten, um kleine Schreine[24], Schreibregale, Tische, Papierlaternen, Schneidbretter und Topfdeckel herzustellen. So zu sein, bedeutet Zimmermann zu sein. Für den Soldaten verhalten sich die Dinge ganz ähnlich. Dies sollte sorgfältig reflektiert werden.

Die Leistung des Zimmermanns besteht darin, dass seine Arbeit nicht krumm ist, dass die Fugen wunderbar passen; dass die Arbeit gut durchgeplant ist, dass keine nachträglichen Fehler auftreten und gut und sicher in einem Guss erledigt wird.

Wenn du auf diese Weise lernen möchtest, dann nimm dir alles, was ich schreibe, zu Herzen und überlege es Schritt für Schritt.

---

[22] Das Schärfen und Polieren des japanischen Schwertes ist heute nur noch eine Arbeit von Spezialisten, aber vielleicht war diese Kunst in früheren Zeiten weiter verbreitet. Wenn ein Schwert nicht perfekt poliert und die Oberfläche der Klinge falsch geformt ist, wird es, selbst wenn es eine sehr scharfe, feine Waffe ist, nicht gut schneiden.

[23] Querbeil, Deichsel

[24] Kleine Schreine (Kamidana, Kamiza) für die Shinto-Götter findet man in jedem japanischen Haushalt.

Überblick über die fünf Schriftrollen dieses Strategiebuchs

Um den Weg der Strategie nun zu erklären, habe ich dieses Buch in fünf Schriftrollen[25] mit den Titeln Erde, Wasser, Feuer, Wind[26] und Leere[27] unterteilt.

Der Kern des Weges der Strategie aus der Sicht meiner Ichi-Schule wird in der Schriftrolle der Erde erklärt.

Es ist schwierig, den wahren Weg allein durch Schwertfechten zu erkennen. Kenne die kleinsten Dinge und die größten Dinge, die oberflächlichsten und die tiefsten. Als wäre sie eine gerade Straße, die auf dem Boden ausgerollt ist, wird die erste Schriftrolle die Erdrolle genannt.

Das zweite ist die Schriftrolle des Wassers. Mit Wasser als Grundlage wird der Geist wie Wasser. Wasser passt sich der Form des Gefäßes an, quadratisch oder rund; es kann ein Tropfen sein, und es kann ein Ozean sein. Wasser hat eine klare blaue Farbe. Bezogen auf die Reinheit des Wassers schreibe ich in dieser Schriftrolle über meine individuelle Lehre, die Ichi-Schule.

Wenn du die Prinzipien des Schwertfechtens beherrschst, wenn du einen Gegner nach Belieben besiegen kannst, kannst du jeden Mann auf der Welt besiegen. Die Einstellung, die dir hilft, einen Mann zu besiegen, ist die gleiche, die du für zehn Millionen Männer brauchst.

---

[25] »Gorin no Sho« bedeutet wörtlich »Fünf Ringe Buch«. Der Name bezieht sich auf die fünf Ringe des Schwertes, welche in diesem Buch beschrieben werden: Jeder Ring symbolisiert einen bestimmte Aspekt in der Technik des Schwertkampfs und im Leben. Sie korrespondieren mit den fünf Elementen des Buddhismus – Boden, Wasser, Feuer, Wind und Leere –, die in vielen buddhistischen Texten und Lehren vorkommen.

[26] Wind: Das japanische Schriftzeichen für ›Wind‹ bedeutet auch ›Stil‹

[27] Die Leere oder das Nichts ist ein buddhistischer Begriff für die illusionäre Natur weltlicher Dinge.

Der Stratege militärischer Wissenschaft macht kleine Dinge zu großen Dingen, interpretiert vom kleinen Maßstab auf den großen. So als würde man aus einem Miniaturmodell eines Buddha eine monumentale Ikone machen.

Ich kann kein Patentrezept geben, aber das Prinzip meiner Strategie ist, eine Sache zu wissen, doch zehntausend Schlüsse daraus ziehen zu können. Ich schreibe in der Schriftrolle des Wassers über meine individuelle Schule.

Das dritte ist die Schriftrolle des Feuers. Dieses Buch handelt vom Kämpfen. Der Geist des Feuers ist wild, ob das Feuer klein oder groß ist. Und so ist es auch mit Schlachten: die Art und Weise, wie ein Kampf geführt wird, ist derselbe, egal ob es sich um einen Kampf zwischen einem Individuum oder einem anderen handelt oder um einen Kampf zwischen einer Armee und einer anderen. Daher agiere mit einem umfassenden Bewusstsein für das große Ganze, ebenso wie einer Aufmerksamkeit für Details.

Was groß ist, ist leicht wahrzunehmen; was klein ist, ist schwer wahrzunehmen. Es ist unmöglich, die Richtung einer großen Gruppe von Männern auf einmal umzukehren und sie verschwinden zu lassen. Dagegen kann ein einzelner leicht Richtung und Plan ändern. Seine Bewegungen sind schwer vorherzusagen. Das musst du sorgfältig bedenken.

Die Essenz der Schriftrolle des Feuers ist, dass du Tag und Nacht trainieren musst, um im Kampf mit großer Vertrautheit instinktiv schnelle Entscheidungen treffen zu können. Nicht anders als im alltäglichen Leben. So wird der Weg des Kampfes im Feuerbuch beschrieben.

Viertens die Schriftrolle des Windes. Dieses Buch befasst sich nicht mit meiner Ichi-Schule, sondern mit den verschiedenen Kampfkunstschulen der Welt. Das Wort ›Wind‹ bedeutet hier ›Stil‹ und ›Manier‹: alte Traditionen, heutige Traditionen und Familientraditionen der Strategie. Das ist ›Wind‹. Wir müssen die anderen kennen, denn es ist schwierig, sich selbst zu kennen, wenn man andere nicht kennt.

Zu allen Wegen gibt es Nebenwege. Wenn du täglich einen Weg lernst, doch dein Herz nicht damit übereinstimmt, denkst du vielleicht, dass du zwar einem guten Weg gehorchst, aber objektiv ist es nicht der wahre Weg. Und wenn du dem wahren Weg zwar folgst, aber auch nur ein wenig davon abweichst, wird dies später zu einer riesigen Ablenkung, und somit zu einem Irrweg. Das musst du erkennen.

Andere Kampfschulen betrachten sich heute als bloße Lehre des Schwertfechtens, und das ist im Prinzip auch richtig. Doch der Nutzen meiner Strategie liegt, obwohl sie das Schwertfechten beinhaltet, tiefer. Ich erkläre also in der Schriftrolle des Windes, was andere Schulen unter ›Tradition der Strategie‹ verstehen.

Das Fünfte ist die Schriftrolle der Leere. Mit ›Leere‹ meine ich das, was keinen Anfang und kein Ende hat. Erst wenn man ein Prinzip verstanden hat, kann man sich davon lösen. Der Weg der Strategie entspricht dem Weg der Natur. Man erreicht durch tieferes Verständnis Rhythmus und Improvisationskraft in den Kampfkünsten und macht für unmöglich Gehaltenes möglich. Das nenne ich hier den Weg der Leere. Ich beabsichtige, im Buch der Leere zu zeigen, wie man spontan dem Fluss der Natur folgt.

Über den Namen unserer Schule
Ni Ten Ichi Ryu

Krieger, sowohl Kommandanten als auch Soldaten, tragen zwei Schwerter an ihrem Gürtel. In alten Zeiten wurden diese ›Tachi‹ und ›Katana‹ oder das große Schwert und das Schwert genannt; heutzutage heißen sie ›Katana‹ und ›Wakizashi‹, also das Schwert und das Begleitschwert.

In unserem Land ist ein Gesetz der Samurai, zwei Schwerter zu tragen, eine Regel, die keiner Begründung bedarf. Der Weg des

Kriegers ist so[28], selbst wenn der Krieger das Warum nicht genau versteht. In meiner Schule »Ni Ten Ichi Ryu«[29] zeige ich die Vorteile der Verwendung beider Schwerter. Der Speer und die Hellebarde[30] sind zusätzliche Waffen, die im Freien getragen werden.

Schüler meiner Ichi-Schule trainieren von Anfang an die Kunst mit beiden Schwertern, dem Langschwert in der einen und dem Kurzschwert in der anderen Hand. Die Wahrheit ist: Wenn dein Leben auf dem Spiel steht, musst du alle deine Werkzeuge nutzen. Kein Krieger sollte bereit sein, mit seinen Schwertern im Gürtel zu sterben, ohne seine Kampfmittel eingesetzt zu haben.

---

[28] Der Samurai trug zwei Schwerter, die mit den Schneidkanten nach oben auf der linken Seite durch den Gürtel gesteckt wurden. Das kürzere oder Begleitschwert wurde immer getragen, das längere Schwert aber nur im Freien. Im Vorraum jedes Samurai-Hauses befanden sich Regale für Langschwerter. – Die Terminologie änderte sich im Lauf der Jahrhunderte. Vor Musashis Zeit war das ›Tachi‹ das Langschwert und ein ›Katana‹ ein etwas kürzeres, leichteres Langschwert. Heute bezeichnet man ein Langwert in der Regel als ›Katana‹, ein kürzeres Seitenschwert als ›Wakizashi‹.

[29] vgl. Fußnote 2: Ni To Ichi Ryu oder auch Ni Ten Ichi Ryu. Was soviel heißt wie Kampfschule der zwei Schwerter (Ni To) oder zwei Himmel (Ni Ten). Dies ist der Name von Musashis Schule der Kampfkünste; in englischen Übersetzungen oft als ›Individual School of Two Skies‹ (oder ›Two Swords‹) übertragen

[30] Die Techniken für den Kampf mit Speer und Hellebarde sind die gleichen wie beim Schwertkampf. Speere waren zuerst in der Muromachi-Zeit beliebt, hauptsächlich als Waffen für die riesigen Armeen der gewöhnlichen Infanterie, und wurden später zu Dekorationsgegenständen. Diese Art von Speer wird zum Stechen und Stoßen verwendet, nicht geworfen. – Die Hellebarde und ähnliche Waffen mit langen, gebogenen Klingen waren besonders effektiv gegen Kavallerie und wurden auch von Frauen eingesetzt, die möglicherweise ihre Häuser in Abwesenheit von Männern verteidigen mussten. Noch immer üben sich Frauen in dieser Kunst.

Wenn du das Schwert mit beiden Händen greifst, ist es schwierig, es frei nach links und rechts zu führen. Daher lernen meine Schüler, das Schwert mit einer Hand zu gebrauchen.

Dies gilt nicht für große Waffen wie Speer oder Hellebarde, aber sowohl Schwerter als auch Begleitschwerter können mit einer Hand geführt werden. Es ist ungünstig, ein Schwert in beiden Händen zu halten, wenn du zu Pferd bist. Auch auf unebenen Straßen, auf sumpfigem Boden, schlammigen Reisfeldern, steinigem Boden oder in einer Menschenmenge behindert das Langschwert, wenn man es in beiden Händen hält. Das ist nicht die wahre Kunst.

Wenn man einen Bogen oder Speer oder andere Waffen in der linken Hand trägt, hat man nur eine Hand frei für das Langschwert. Wenn es aber unmöglich ist, einen Feind mit nur einer Hand am Schwertgriff niederzustrecken, dann benutze beide Hände.

Es ist nicht schwierig, ein Schwert in einer Hand zu führen. Der Weg, dies zu lernen, besteht darin, zunächst mit zwei Langschwertern zu trainieren, eines in jeder Hand. Das wird zunächst fast unmöglich erscheinen, aber alles ist zu Beginn schwierig. Bogen sind schwer zu spannen, Hellebarden schwer zu schwingen. Wenn du dich aber an den Bogen gewöhnt hast, wird er ein Teil von dir. Wenn du dich daran gewöhnt hast, das Langschwert zu führen, wirst du die Macht des Weges erlangen und der Gebrauch der Waffen geschieht wie im Schlaf.

Zu versuchen, das lange Schwert mit großer Geschwindigkeit zu schwingen, ist nicht der richtige Weg, wie ich in der Schriftrolle des Wassers, dem Wasserbuch, erklären werde. Das Langschwert ist auf weitläufigen Plätzen, das kurze Schwert auf engstem Raum das Mittel der Wahl. Das ist die Grundidee.

Gemäß meiner individuellen Ichi-Schule kann man mit einem langen Schwert gewinnen, aber auch mit einer kurzen Waffe. Größe und Länge der Waffe sollten keine Rolle spielen. Der Weg der Ichi-Schule ist der Geist des Siegens an sich, unabhängig von der Art der Waffe.

Es ist besser, zwei Schwerter zu verwenden als ein Langschwert, wenn du eine Menschenmenge gegen dich hast, und besonders, wenn du einen Gefangenen machen willst.

Doch Regeln wie diese können nur unzureichend in der Theorie erklärt werden. Aus einer Sache kannst du in der Praxis zehntausend andere Dinge ableiten. Wenn du die Praxis der Wissenschaft der Kampfkünste gemeistert hast, wird es keinen Faktor geben, den du nicht erkennst. Bedenke dies.

Über die Grundlagen und die Verschmelzung der Worte Kampf & Kunst

Die Meister des Langschwerts werden Kampfkünstler genannt. In den anderen Disziplinen werden diejenigen, die den Bogen beherrschen, Bogenschützen genannt; diejenigen, die andere Fernwaffen beherrschen, werden Schützen genannt, darunter die Speerkämpfer, die man auch Lanzenreiter nennt. Wer die Hellebarde meisterhaft führt, ist ein Hellebardier.

Doch beachte: Wenn man dem obigen Muster folgte, würden Meister des Langschwerts Langschwertkämpfer genannt werden. Das ist aber nicht der Fall. Man nennt sie stattdessen Strategen oder Kampfkünstler. Auch der Bogen, die Muskete, der Speer und die Hellebarde sind natürliche Werkzeuge der Krieger. Dennoch ist es logisch, dem Langschwert eine Sonderrolle einzuräumen und von Kunst zu sprechen: Die Tugend des Langschwerts ist es, die Welt und sich selbst zu regieren, daher stellt das Langschwert die Grundlage aller Strategie und Kampfkunst dar.

Das Prinzip lautet »Strategie mit dem Langschwert«. Wenn ein Mann die Tugend des Langschwerts erlangt hat, kann er zehn Gegner schlagen. Und so wie ein Mann zehn schlagen kann, so können hundert Männer tausend schlagen und tausend können zehntausend schlagen. In meiner Strategie zählt ein Mann soviel wie zehntausend. Das Verständnis dieses Prinzips gehört zum Handwerk des vollendeten Kriegers.

Der spezielle Weg des Kriegers schließt andere Wege wie Konfuzianismus, Buddhismus, bestimmte Traditionen, künstlerische Errungenschaften und Tänze[31] aus. Aber selbst wenn sie nicht *dein* Weg sind: wenn du ein breites Wissen über all die Wege hast, kannst du sie richtig einschätzen. Kenne also alle Wege, aber kultiviere und poliere deinen eigenen.

Kenntnis der Waffen-Typen in den Kampfkünsten

Für jede Waffe gibt es einen Ort und eine Zeit, wo und wann sie bevorzugt eingesetzt werden kann.

Das Begleitschwert, auch Kurzschwert genannt, ist am effektivsten auf engstem Raum oder im Nahkampf mit einem Gegner. Das Langschwert kann bei guter Kenntnis der Technik in allen Situationen vorteilhaft eingesetzt werden.

Die Hellebarde ist dem Speer auf dem Schlachtfeld unterlegen. Mit dem Speer kannst du die Initiative ergreifen, die Hellebarde ist defensiv. In den Händen eines von zwei Männern mit gleichen Fähigkeiten bringt der Speer ein wenig Vorteil. Speer und Hellebarde haben beide ihre Berechtigung, aber beide sind nicht sehr nützlich in beengten Räumen. Sie können auch nicht verwendet werden, um einen Gefangenen zu machen. Sie sind im Wesentlichen Waffen für das Feld.

---

[31] Es gibt verschiedene Arten des Tanzens. Es gibt Festtänze wie den Erntetanz, die lokale Besonderheiten einbeziehen und sehr farbenfroh sind und manchmal viele Menschen einbeziehen. Es gibt Noh-Theater, das von wenigen Darstellern mit stilisierten Tanzbewegungen aufgeführt wird. Ebenso gibt es Fächertänze und Schwerttänze. (Zitiert nach Victor Harris, ›A Book of Five Rings‹, The Overlook Press, Woodstock, NY, 1974)

Wenn du dich dennoch bemühst, sie in Innenräumen (etwa bei der Übung im Dojo[32]) zu verwenden, wirst du gezwungen sein, deine Aufmerksamkeit auf Kleinigkeiten zu richten und so den Überblick verlieren.

Der Bogen ist zu Beginn des Gefechts, insbesondere bei Feldschlachten auf sumpfigem Gelände, taktisch stark, da man schnell aus den Reihen der Speerkämpfer heraus schießen kann. Bei Belagerungen aber, oder wenn der Feind mehr als 40 Meter entfernt ist, ist er ungeeignet. Aus diesem Grund gibt es jetzt kaum noch traditionelle Bogenschießschulen, und diese Art von Fertigkeit ist heutzutage eher Zier als Nutzen.

Innerhalb von Festungen ist die Muskete unter den Waffen unübertroffen. Es ist auch die beste Waffe auf dem Feld, bevor die Reihen aufeinanderprallen; aber sobald die Schwerter gekreuzt sind, wird es nutzlos.

Ein Vorteil des Bogens ist, dass du die Pfeile im Flug sehen und das Ziel neu justieren kannst, während Gewehrschüsse nicht zu sehen sind.

Genauso wie ein Pferd Ausdauer und Unerschrockenheit haben muss, so ist es mit Waffen. Pferde sollten stark gehen, und Schwerter und Begleitschwerter sollten stark schneiden. Speere und Hellebarden müssen starker Beanspruchung standhalten. Bogen und Musketen müssen robust im Äußeren, doch filigran in der Technik sein.

Eine Lieblingswaffe zu haben, ist keine gute Idee. Sich auf eine Waffe zu sehr zu verlassen, ist ebenso ein Fehler, wie sie nicht ausreichend zu beherrschen. Ohne andere zu imitieren, solltest du jene Waffen führen, auf die du dich verstehst, und so viele unterschiedliche andere, wie zu dir passen. Vorlieben und Abneigungen bei Waffen zu pflegen, ist sowohl für Kommandanten als auch für Soldaten schlecht. Pragmatisches Denken dagegen unerlässlich.

---

[32] Dojos waren meist Orte, an denen Strategien und Techniken eingeübt wurden, sicher vor den neugierigen Blicken rivalisierender Schulen.

Rhythmus und Timing in der Kampfkunst

Der richtige Zeitpunkt, der Rhythmus, existiert in allen Dingen. In der Kampfkunst kann dieses Timing nur mit viel Übung gemeistert werden.

Dieser Rhythmus manifestiert sich in der Welt in Dingen wie Tanz und Musik, Pfeifen- und Streichmusik. Überall kommt es aufs Timing an. So auch in den Militärkünsten, beim Schießen mit Bogen und Musketen und beim Reiten von Pferden. In all diesen Fertigkeiten sind Rhythmus und Timing entscheidend.

Es gibt auch ein Timing aus der Leere heraus

Im Berufsleben eines Kriegers gibt es die Rhythmen des Erfolgs und Verlusts, Rhythmen der Erfüllung und der Enttäuschung. Ebenso gibt es das beim Weg des Kaufmanns, im Reichwerden und Verlieren von Kapital. Harmonie und Disharmonie treten in jedem Lebensbereich auf. Es ist wichtig, den Zyklus jedes einzelnen Dings zu erkennen.

In der Strategie gibt es verschiedene Timing-Überlegungen: Du musst von Anfang an den zutreffenden Rhythmus und den nicht zutreffenden erkennen; und zwischen großen und kleinen, langsamen und schnellen Rhythmen unterscheiden. Kenne die Rhythmen räumlicher Beziehungen und die versteckten des Hintergrunds. Dies ist die Hauptsache in der Strategie. Es ist besonders wichtig, das Hintergrund-Timing zu verstehen, sonst wird deine Kampfkunst nicht zuverlässig sein.

Der Weg der kunstvollen Strategie ist es, das Timing und den Rhythmus des Gegners zu kennen und selbst ein Timing zu verwenden, das der Gegner nicht erwartet. Damit kannst du den Gegner aus dem Nichts treffen.

* * *

Epilog

MIT DER OBEN UMRISSENEN WISSENSCHAFT der Kampfkünste meiner Ichi-Schule wird sich dein Geist durch fleißiges Üben Tag und Nacht auf natürliche Weise erweitern. Wir lehren die Strategie in der Draufsicht, aber genauso den konkreten Einzelkampf. Und ich bringe sie nun zum ersten Mal in diesen fünf Schriftrollen mit den Titeln ›Erde‹, ›Wasser‹, ›Feuer‹, ›Wind‹ und ›Leere‹ zu Papier.

Dies sind die Regeln für Kämpfer, die meine Schule erlernen wollen:

1. Sei aufrichtig

2. Studiere hingebungsvoll

3. Lerne die Künste kennen

4. Kenne die Prinzipien aller Berufe

5. Verstehe den Schaden und Nutzen jeder Aktion

6. Schule dein intuitives Urteilsvermögen und Verständnis

7. Mache dir auch das Nicht-Offensichtliche bewusst

8. Verschwende deine Zeit nicht mit Unnützem

Es ist sehr wichtig, dass die Kampfkünste unter der Richtschnur dieser Prinzipien ausgeführt werden. Man kann kaum ein Meister der Kampfkunst werden, wenn man nicht den großen Rahmen sieht und erkennt, dass der Kampf nur Teil einer allgemeinen Lebensphilosophie ist. Hat man dies erst verstanden, kann man sich auch gegen zwanzig oder dreißig Gegner behaupten.

Fokussiere dich auf die Strategie des Kampfes und bleib auf diesem Weg. Dann kannst du mit deinen blanken Händen gegen einen Feind gewinnen, aber auch durch dein Auge und deinen Verstand. Durch Training wirst du in der Lage sein, deinen eigenen Körper frei zu kontrollieren, und letztlich auch den Feind. Und wenn du noch mehr trainierst, kannst du auf gleiche Weise auch zehn Männer schlagen. Wenn die diesen fernen Punkt erreicht hast – und die wenigsten erreichen ihn – bist du in der Tat unbesiegbar.

Im größerem Rahmen ist der so Geschulte auch ein Anführer, der zahlreiche Männer verwalten kann, der korrekte Regeln setzt, Traditionen bewahrt; sogar das Land regieren und sich um die Bevölkerung kümmern kann. In welchem Bereich des Lebens auch immer: das Wissen darum, wie man es vermeidet zu verlieren, wie man sich selbst wappnet und wie man Ehre gewinnt – all das ist der unteilbare Weg der Strategie.

Im zweiten Jahr von Shoho (1645), der fünfte Monat, der zwölfte Tag,

Shinmen Musashi[33]

---

[33] Der volle Name, den Musashi im Gorin no Sho angibt, lautet: Shinmen Musashi no Kami Fujiwara no Genshin, wobei ›Musashi no Kami‹ ein Ehrentitel ist, der verliehen werden kann. Daher wurde er allgemein mit Musashi angesprochen. – Der heute gebräuchliche Nachname Miyamoto leitet sich vom Dorf Miyamoto ab, in dem er 1584 geboren wurde.

DAS BUCH DES WASSERS

GRUNDLAGEN DES KRIEGERWEGES WIE BLICK, KÖRPERLICHE HALTUNG, GEISTIGE EINSTELLUNG

DER GEIST der Ni-To-Ichi-Strategieschule basiert auf Wasser, darum nenne ich dieses Buch das Wasserbuch. Hier beschreibe ich den Umgang mit dem Langschwert in dieser Schule. Die Sprache reicht nicht aus, um den Weg im Detail zu erklären, aber er kann intuitiv erfasst werden. Studiere dieses Buch; lies jedes Wort und denke dann darüber nach. Wenn du es nur oberflächlich liest, wirst du viele Fehler machen.

Obwohl ich hier die Prinzipien der Kampfkünste meist im Sinne eines Duells zwischen zwei Individuen erkläre, ist es wichtig für dich, sie auch in der Draufsicht, im Sinne eines Kampfes zwischen zwei Armeen verstehen zu können. In der speziellen Kunst dieser Strategie ist es wichtig zu wissen, dass du um Meilen fehlgehst, solltet du zu Beginn den kleinsten Fehltritt machen.

Wenn du dieses Buch also bloß ›liest‹, wirst du nicht zum Ziel kommen. Nein, du musst es verinnerlichen, in Blut und Seele aufnehmen. Auch lesen und Nachahmung reicht nicht. Nein, verwirkliche diese Lehren für dich selbst, so, als hättest du sie selbst entwickelt. Mach sie dein Eigen.

Spiritualität in der Kampfkunst

In der Wissenschaft der Kampfkünste darf deine geistige Haltung nicht anders sein als im normalen Leben. Sowohl im Kampf als auch im Alltag solltest du entschlossen, aber ruhig sein, weder angespannt noch locker. Zentriere deinen Geist so, dass es kein Ungleichgewicht gibt, sei weder zu schwach noch zu temperamentvoll. Ein selbstgefälliger Geist ist schwach und ein niedergeschlagener Geist ist ebenso schwach, lass den Feind deinen Geist also nicht sehen.

Bedenke: Selbst wenn du ruhig bist, ist dein Geist nicht ruhig, selbst wenn du hektisch bist, ist dein Geist nicht hektisch. Der Geist wird nicht vom Körper mitgerissen, der Körper wird nicht vom Geist mitgerissen. Achte auf den Geist, nicht auf den Körper. Lass weder Unzulänglichkeit noch Übermaß in deinem Geist sein. Selbst wenn du oberflächlich schwachherzig bist, sei innerlich starkherzig. Lass andere deine wahre Stimmung nicht sehen.

Jene, die körperlich klein sind, müssen wissen, wie es sich anfühlt, groß zu sein. Und die Großen müssen wissen, wie es sich anfühlt, klein zu sein. Aber ob du nun groß oder klein von Statur bist, lass dich nicht von den subjektiven Empfindungen deines Körpers täuschen. Blicke mit offenen Augen und unverblendetem Geist. Betrachte die Dinge von einer höheren Warte aus. Kultiviere deine Weisheit und deinen Geist.

Poliere deine Weisheit: Lerne allgemeine Gerechtigkeit, unterscheide zwischen Gut und Böse, studiere die Wege verschiedener Künste eine nach der anderen. Wenn du auf verschiedenen Gebieten erfahren bist, kannst du nicht von anderen Menschen getäuscht werden. Dann hast du das Wissen und die Weisheit der strategischen Kriegskunst erlangt.

Das Wissen um die Kriegskunst ist etwas Spezielles. Es muss dir durch beständiges Training gelingen, auch auf dem Schlachtfeld, wenn du unter Druck stehst, besonnen ihren Regeln zu folgen.

Körperhaltung in der Kampfkunst

Nimm eine Haltung mit aufrechtem Kopf ein, weder hängend noch hochschauend, noch verdreht. Dein Blick muss ruhig sein. Stirn und Augenzwischenräume sind nicht angespannt und ohne Falten. Bewege die Augen nicht und blinzle nicht, sondern verenge die Augen leicht. Halte einen gelassenen Ausdruck auf deinem Gesicht, die Nase gerade, die Nasenlöcher leicht geöffnet, das Kinn leicht nach vorne gerichtet.

Lass deinen Nacken gerade: Bring die Kraft von deinem Scheitel über die Schultern nach unten durch deinen gesamten Körper. Senke die Schultern leicht und bringe, ohne das Gesäß herauszustrecken, Kraft in die Beine von den Knien bis zu den Zehenspitzen. Spanne den Rumpf an, damit du dich nicht an den Hüften beugst. Klemme das Begleitschwert in deinem Gürtel gegen den Bauch, damit der Gurt nicht durchhängt – das nennt man ›Einkeilen‹.

Mach deine Kampfhaltung zur ganz alltäglichen Haltung bei jeder Gelegenheit, im normalen Leben, das ist die beste Methode des Verinnerlichens.

Fokus der Augen in den Kampfkünsten

Die Augen musst du so fokussieren, dass die Weite des Sehens maximiert wird. Beobachtung und Wahrnehmung sind zwei verschiedene Dinge; das beobachtende Auge ist stärker, das wahrnehmende Auge ist schwächer. Ein Element der Kampfkünste ist es, das Ferne nah und das Nahe mit Distanz sehen zu können.

In der Kampfkunst ist es wichtig, sich der Schwerter der Gegner bewusst zu sein und dennoch gar nicht auf die Schwerter der Gegner zu schauen. Das ist hart zu trainieren. Diese Frage der Fokussierung der Augen ist sowohl im Einzelkampf als auch in der Schlacht essentiell.

Du musst in der Lage zu sein, zur Seite zu schauen, ohne die Augen zu bewegen. Diese Fähigkeit kann man sich nicht so leicht aneignen. Darum: gewöhne dich an diesen Augenfokus. Erneut: mach auch dies zu deiner Gewohnheit im Alltag, dann ist es präsent im Kampf.

Das Langschwert führen

Beim Führen des langen Schwertes greifen Daumen und Zeigefinger schwebend, der Mittelfinger greift weder fest noch locker, während der Ringfinger und der kleine Finger fest greifen. Es ist schlecht, Spiel in den Händen zu haben, die Hand sollte nicht locker sein.

Wenn du das Langschwert aufnimmst, bedenke, dass es etwas zum Töten des Gegners ist. Wenn du einen Feind triffst, darfst du deinen Griff nicht ändern, und deine Hände dürfen sich nicht verkrampfen. Wenn du das Schwert des Feindes beiseite schlägst oder blockierst, muss sich dein Griff in Daumen und Zeigefinger leicht verändern und darauf bedacht sein, den Feind auf tödliche Art und Weise zu treffen.

Der Griff für den tödlichen Kampf und für die Schwertprüfung[34] ist derselbe, es gibt keinen speziellen ›Menschen tötenden Griff‹. – Starrheit des Griffs ist sowohl beim Schwert als auch bei der freien Hand zu vermeiden. Starrheit bedeutet eine tote Hand, Geschmeidigkeit ist eine lebendige Hand.

Beinarbeit

Bei der Beinarbeit solltest du stark auf den Fersen stehen und deinen Zehen etwas Spielraum lassen. Ob du dich schnell oder langsam bewegst, ob mit großen oder kleinen Schritten: deine Füße müssen sich immer wie beim normalen Gehen bewegen. Ein zum Sprung bereiter Fuß, ein schwammiger Fuß und ein fixierter Fuß sind zu vermeiden.[35]

---

[34] Schwerttests: Schwerter wurden von hochspezialisierten professionellen Experten getestet. Das Schwert wurde in eine spezielle Halterung eingepasst und dann Probeschnitte an Körpern, Strohbündeln, Rüstungen, Metallblechen usw. vorgenommen. Manchmal werden Bewertungszeichen einer Schwertprüfung gefunden, die auf den Erlen (Verlängerung der Klinge von Messern oder Klingenwaffen, an der das Griffstück befestigt ist) alter Klingen eingraviert sind. (Zitiert nach Victor Harris)

[35] In englischen Übersetzungen als ›jumping-foot‹, ›floating-foot‹ und ›fixed-steps‹ benannt.

Statt dessen verwende das sogenannte komplementäre Steppen (Yin-Yang-Fuß[36]); dieser Schritt bedeutet, dass du nicht einen Fuß alleine bewegst. Wenn du mit dem Schwert schlitzt, wenn du zurückweichst oder parierst, gehe rechts-links-rechts-links mit komplementären Schritten. Stütze deine Bewegungen nicht nur auf einen Fuß.

Die fünf (Kampf-)Positionen

Die fünf Kampfpositionen[37] sind die obere Position, mittlere, untere Position, der rechte Schutz und der linke Schutz. Obwohl die Stellung in fünf Arten unterteilt werden kann, dienen sie alle dem Zweck, Gegner zu treffen. Außer diesen fünf gibt es keine weiteren Positionen. Aber in welcher Kampfposition du auch bist, betrachte sie nicht als Abwehrposition, sondern als attackierende Position.

Ob du eine aufrechte oder geduckte Position einnimmst, hängt von der Situation ab. Oben, Mitte, Unten sind solide, die Seiten sind flexibel. Die Seitenpositionen sollten verwendet werden, wenn es ein Hindernis über dem Kopf oder auf einer Seite gibt. Ob man dann den linken oder rechten Standfuß wählt, hängt vom Ort ab.

Die vollendete Position ist die mittlere, sie ist das Herz der Stabilität. Betrachten wir es in großem Maßstab in Bezug auf eine Streitmacht: Das Zentrum ist der Sitz des Generals, während die anderen vier Flügel dem General folgen. Dies sollte genau verstanden werden. Verinnerliche das.

---

[36] In verschiedenen Schulen werden verschiedene Methoden der Bewegung gelehrt. ›Yin-yang‹ (japanisch ›In-yo‹) in der japanischen Tradition ist weiblich–männlich, dunkel–hell, rechts–links. Musashi befürwortet diese Art der Bewegung, alle anderen Möglichkeiten bedenkend. – Alte Jujitsu Schulen befürworten den ersten Angriff mit der linken Seite vorwärts.

[37] Fünf Arten von Positionen oder ›Wachen‹. Das Wort für ›Wache‹, ›kamae‹, bedeutet, eine (normalerweise defensive) Haltung, einzunehmen. Das verwandte Verb ›kamau‹ bedeutet, sich um jemanden oder etwas Sorgen zu machen, Aufhebens zu machen.

Der Weg des Langschwerts

Wer den Weg des Langschwerts[38] beherrscht, kann es sogar mit nur zwei Fingern führen. Je besser dein Gefühl für das Schwert ist, um so spielerischer kannst du es führen.

Wenn du versuchst, das Langschwert hektisch zu führen, ist das ein Fehler. Um das Langschwert gut zu führen, musst du es ruhig führen. Wenn du versuchst, es schnell zu führen, wie einen Faltfächer[39] oder ein Kurzschwert, wird es schwierig. Das nennt man dann ›Kurzschwerthacken‹, und das ist unwirksam, um damit einen Mann außer Gefecht zu setzen.

Wenn du mit dem Langschwert nach unten geschlagen hast, zieh es wieder gerade nach oben. Wenn du es seitwärts schwingst, bringe es genauso von der Seite zurück. Führe es aus jeder Position geschmeidig zurück. Strecke den Ellbogen heraus und schwinge es kraftvoll. Das ist der Weg des langen Schwerts.

Wenn du die fünf Ansätze meiner Strategie fleißig trainierst und anwendest, wirst du bald in der Lage sein, ein Schwert gut zu führen.

Die fünf Techniken

Diese fünf Techniken[40] können nicht verstanden werden, indem man nur darüber liest. Sie sind nur mit dem Schwert in der Hand zu üben. Wenn du meinen Weg des Langschwerts meisterst, wirst du in der Lage sein, jeden Angriff des Feindes zu kontrollieren, das

---

[38] Der Weg des Langschwerts als Lebensweise. Gemäß der Kendo-Ethik (Kendo: die traditionelle japanische Schwertkampfkunst) ist eine natürliche Bewegung des Schwertes mit einem natürlichen Verhalten verbunden.

[39] Faltfächer: Ein Gegenstand, der in den heißen Sommermonaten von Männern und Frauen getragen wird. Gepanzerte Offiziere trugen manchmal einen eisernen Kriegsfächer. (Zitiert nach Victor Harris)

[40] Auch: die fünf Ansätze

kannst du mir glauben. In der Zwei-Schwerter-Methode der Schwertkunst[41] gibt es nichts als diese fünf Techniken. Und Training und Übung sind zwingend erforderlich.

ERSTE TECHNIK

Bei der ersten Technik befindet sich der Kämpfer in der mittleren Position, wobei die Spitze des Schwertes auf das Gesicht des Gegners gerichtet ist. Wenn er angreift, kontere und lenke sein Schwert nach rechts um; diese Variante nennt man ›Reiten‹. Wenn der Gegner erneut zuschlägt, lenke die Spitze seines Schwertes ab, indem du nach unten schlägst; dein Schwert ist jetzt nach unten gewandert; lasse es dort, bis er ein weiteres Mal zu schlagen versucht, und versetze ihm sodann von unten einen Hieb in die Arme.

ZWEITE TECHNIK

Bei der zweiten Technik des Schwertkampfs ist die Grundposition oben, und du schlägst den Gegner genau zur gleichen Zeit, in der der Gegner versucht, dich zu treffen. Wenn der Feind dem Schnitt ausweicht, lass dein Schwert zunächst da, wo es ist. Wenn er dann einen weiteren Hieb führt, ziehe du von unten nach oben durch. Dieser Rhythmus kann so fortgesetzt werden, von oben, von unten und so weiter.

Bei dieser Technik gibt es verschiedene Rhythmen und Philosophien. Diese kannst du durch das Training gemäß meiner individuellen Ichi-Schule lernen. Mit den fünf Langschwertmethoden wirst du immer siegreich sein. Aber unablässige Übung ist unerlässlich.

DRITTE TECHNIK

Bei der dritten Technik wird das Schwert in der unteren Position gehalten; den Schlag des Gegners parierend, führst du das Schwert von unten kräftig gegen seine Hände. Wenn du dies tust, wird er vermutlich versuchen, dein Schwert zurück nach unten zu schlagen. Reagiere, indem du dein Schwert in einem Bogen nach

---

[41] in Musashis Ni Ten Ichi Ryu-Schule

oben ziehst und hacke ihm seitlich die Arme ab, nachdem er zugeschlagen hat. Diese Position wird dir sowohl als Anfänger als auch in der späteren Strategie häufig begegnen. Übe sie in der Praxis mit dem Schwert in der Hand.

VIERTE TECHNIK

Bei der vierten Technik wird das Schwert waagerecht zur linken Seite gehalten, um beim Schlagversuch die Hände des Gegners von unten zu treffen. Wenn der Gegner versucht, dein Schwert wegzuschlagen, während du es von unten nach oben führst, weiche aus und ziehe dein Schwert waagrecht gegen ihn, so dass du ihn auf Schulterhöhe treffen kannst. So handhabt man ein langes Schwert. Durch das Parieren, Ausweichen und seitlich Schlagen, bist du im Vorteil. Studiere diese Technik.

FÜNFTE TECHNIK

Bei der fünften Technik hältst du dein Schwert horizontal zu deiner rechten Seite. Sobald du den Ort des gegnerischen Angriffs bemerkst, schwinge dein Schwert von der unteren Seite schräg nach oben über seine obere Deckungsposition und schlage dann direkt von oben zu. Auch diese Technik ist für die Expertise im Umgang mit dem Langschwert unerlässlich. Wenn du ein Begleitschwert mit dieser Technik führen kannst, kannst du auch schweres Langschwert so frei führen.

Im Detail kann ich nicht niederschreiben, wie man diese fünf Techniken verwendet. Du musst dich gut mit meinem ›in Harmonie mit dem Langschwert‹-Weg vertraut machen, Rhythmus und Timing im Allgemeinen verstehen und die Kampfmethode des Gegners lesen. Nimm die fünf Techniken als Basis, um deine Fähigkeiten ständig zu verfeinern. Auch im Kampf selbst reflektiere, ahne die Gedanken des Gegners voraus, wechsle entsprechend deinen Rhythmus und erringe auf diese Weise jeden Sieg. Deine Wahrnehmung muss hellwach sein.

Die Kunst, eine Position
ohne Position zu haben

›Position ohne Position«[42] bedeutet, dass es nicht dogmatisch eine Notwendigkeit für die klassischen Langschwert-Haltungen gibt. Manchmal wird die obere Schutzposition etwas abgesenkt, so dass sie zur mittleren Position wird, während die mittlere Schutzposition je nach Vorteil etwas angehoben werden kann, so dass sie zur oberen Position wird. Manchmal wird auch die untere Schutzposition etwas angehoben, um zur mittleren Position zu werden. Die beiden Seitenschutzpositionen können auch etwas in die Mitte verschoben werden, je nachdem, wo du in Bezug zum Gegner stehst, sodass sich entweder die mittlere oder die untere Schutzposition ergibt. Wie auch immer du das Schwert der Situation und dem Ort entsprechend hältst, sei es so, dass du eine gute Schlagposition hast.

Dieses Prinzip nennen wir ›die Kunst eine Position ohne Position‹ zu haben. Wenn du ein Schwert zum Kampf in die Hand nimmst geht es zuvörderst darum, den Gegner zu treffen, egal mit welchen Mitteln. Auch wenn du parierst, schlägst, springst oder fichst – die Kunst ist es, aus jeder deiner Bewegungen heraus den Feind auch treffen zu können. Eine Abwehrbewegung kann zugleich eine Angriffsbewegung sein. Wenn du nur mit Schlagen, Blockieren und Parieren beschäftigt bist, wirst du unfähig sein, den Gegner zu töten. Für den Erfolg ist es wichtig, dass du jede Bewegung, deine und seine, als Gelegenheit zum tödlichen Schlag erwägst. Bedenke dies.

Im größeren Maßstab, in der Feldschlacht mit vielen Kriegern, nennt man dieses Phänomen Truppenaufstellung[43]. Auch hier geht es um die richtige Positionierung, und die Erkenntnis, aus jeder Position heraus die Schlacht gewinnen zu können. Fixierung ist schlecht, Flexibilität ist gut. Studiere das.

---

[42] In englischen Übersetzungen oft Attitude-No-Attitude (Haltung) genannt

[43] in englischen Übersetzungen oft ›Battle Array‹ genannt

Der perfekt getimte Einzelschlag

Unter den Rhythmen, die verwendet werden, um einen Gegner zu schlagen, gibt es den so genannten Einzelschlag. Wenn du dich dem Gegner näherst und siehst, dass er noch unentschlossen ist, dass er noch nicht entschieden hat, welche Position er einnehmen will, kannst du ihn – ohne deine Position zu verändern und ohne ihn mit den Augen zu fixieren – mit einem einzelnen schnellen Schlag niederstrecken. Das ist der ›Schlag mit perfekten Timing‹. Leicht ist das nicht. Du musst hart trainieren, um diese Fertigkeit zu erreichen.

Das Bauchgefühl des zweiten Schlags

Wenn du angreifst und der Feind sich schnell zurückzieht oder pariert, täusche einen Schritt und Schlag vor. Wenn er sich entspannt, weil der Schlag nicht erfolgte, gehe wieder auf ihn zu und schlage und treffe ihn. Das nennen wir ›das Bauchgefühl des zweiten Schlages‹[44].

Es wird sehr schwierig sein, diese Technik nur durch das Lesen dieses Buches zu erreichen. Doch es ist etwas, das du sehr schnell verstehst, wenn du unter Anweisung praktisch übst.

Schlagen ohne Vorstellung und Vorurteil

Wenn dein Gegner zuschlägt und du auch, ist dein Körper in der Offensive und dein Geist ist auch in der Offensive. Deine Hände kommen spontan aus dem Raum und schlagen mit beschleunigter Geschwindigkeit und erhöhter Kraft zu. Dies wird Schlagen ohne Gedanke und Vorurteil[45] genannt, und ist in der Tat der wichtigste Schlag im Kampf. Du musst sehr hart trainieren, um hier perfekt zu werden.

---

[44] In manchen Übersetzungen: ›Abdomen Timing of Two‹

[45] ›Munen Muso‹, ›Kein Gedanke, keine Illusion‹ (oder: ›Weder Vorstellung noch Vorurteil‹), bezieht sich auf die Fähigkeit eines Kriegers, im Kampf völlig präsent und frei von Ablenkungen zu sein.

Der gleitende Wasserschlag

Der gleitende Wasserschlag wird verwendet, wenn du mit deinem Gegner Klinge an Klinge kämpfst. Wenn der Gegner versucht, sich schnell zurückzuziehen, schnell auszuweichen oder dein Schwert schnell zu parieren, weite deinen Geist und Körper, schwinge dein Schwert völlig entspannt hinter dich, als ob es ein Zögern gäbe, und schlage dann heftig zu. Du kannst mit Sicherheit treffen, wenn du das lernst. Du musst die Bewegung des Gegners vorausahnen.

Der kontinuierliche Schnitt

Wenn du in die Offensive gehst und der Gegner dagegenhält, verletzte ihn mit einem Streich auf Kopf, Hände und Füße. Mit einem einzigen Schlag des langen Schwertes gleichzeitig in mehrere Körperstellen des Gegners zu schneiden, ist der ›kontinuierliche Schnitt‹. Wenn du diesen Schlag lernst, ist er immer nützlich. Er spielt im Laufe des Duells eine zentrale Rolle.

Der Funkenschlag

Der Funkenschlag ist, wenn das Schwert deines Gegners und dein Schwert miteinander verbunden sind und du so stark wie möglich dagegen hältst, ohne dein Schwert überhaupt zu heben. Du musst kräftig pressen und Kraft mit den Beinen, dem Oberkörper und den Händen ausüben. Dieser Schlag ist ohne wiederholte Übung schwer auszuführen. Wenn du ihn bis zur Perfektion kultivierst, ist er ein starkes Mittel.

Der fallende Blätter-Schnitt

Der fallende Blätter-Schnitt[46] bedeutet, das Langschwert des Feindes niederzuschlagen, oder ihm gar aus der Hand zu schlagen: Wenn der Feind in einer Langschwerthaltung vor dir steht und

---

[46] auch ›Red Leaves Cut‹: Verweist auf die Schnelligkeit und Präzision des Angriffs, was den Gegner haltlos werden lässt, wie ein fallendes Herbstblatt.

darauf bedacht ist, zu Schlagen und zu Parieren, gehst du mit dem Funkenschlag dagegen, spontan ohne ›Muster und Form‹. Wenn du dann genau daraufhin mit der Schwertspitze nach unten ziehst (Kissaki-sagari[47]), wird das Schwert deines Gegners haltlos werden. Wenn du diese Technik kultivierst, wird dein Feind nicht selten sein Schwert fallen lassen. Du musst das wieder und wieder trainieren.

Den Körper wie ein Schwert einsetzen

Normalerweise bewegen wir den Körper und das Schwert gleichzeitig, um den Feind zu treffen. Doch auch der Körper alleine kann in gewissem Sinne zum Schwert werden. In diesem Fall werden, wenn du in die Offensive gehst, Schwert und Körper nicht gleichzeitig gestartet. So kannst du deinen Gegner etwa zuerst mit einem Fausthieb treffen, und dann mit einem Schwerthieb, oder, je nach Ausgangslage, auch umgekehrt.

Schlagen und Streichen

Mit Schlagen und Streichen meine ich zwei verschiedene Dinge. In beiden Fällen gilt es, egal welchen Schlag du verwendest, einen absichtlichen und sicheren Treffer zu landen. Egal ob du einen Gegner hart triffst, so dass er auf der Stelle tot ist, oder ob du nur in ihn hineinschneidest: beides ist ein Treffer.

Beim Streich ist dein Geist gelöst, das musst du zu fühlen lernen. Wenn du zuerst die Hände oder Beine des Feindes streichst, also aufschlitzt, kannst du danach einen heftigen Hieb führen. Auch die umgekehrte Reihenfolge ist möglich. In beiden Fällen geht es darum, den Gegner zu berühren.

---

[47] ›Kissaki-sagari‹ beschreibt eine spezielle Haltung beim Schwertkampf, bei der das Schwert mit der Spitze nach unten gehalten wird. Diese Haltung wurde oft von Samurai verwendet, um Angriffe von unten abzuwehren und gleichzeitig Angriffe auf den Unterleib des Gegners zu starten.

Die Haltung des kurzarmigen Affen

Die Haltung des kurzarmigen Affen bedeutet, die Arme nicht auszustrecken. Die Idee ist, blitzschnell an den Gegner heranzukommen, ohne es anzudeuten. Üblicherweise, wenn du versuchst, in den Gegner ›hineinzugehen‹, geht dein Körper unweigerlich in eine Schutzposition, was zu ausgestreckten Armen führt. Die Idee beim ›kurzarmigen Affen‹ ist es, aus dem Nichts an den Gegner heranzukommen, ohne dass er es auch nur ahnt.

Infight

Die Idee des ›klebrigen Körpers‹, siehe unten, bedeutet, im Infight praktisch am Gegner festzukleben. Wenn du hinter die Verteidigung des Gegners gelangst, bleib mit Kopf, Körper und Beinen dicht dran. Der Durchschnittskämpfer bekommt seinen Kopf und seine Beine zwar schnell hinein, aber der Körper zögert zurück. Viel besser ist es, so nah an ihm dran zu bleiben, dass nicht die geringste Lücke zwischen euren Körpern bleibt. Das verhindert seinen Schlag oder Streich. Übe dies.

Am Gegner kleben

Wenn du den Feind angreifst und dein Gegner den Schlag mit dem Langschwert pariert, gehe nach einem Funkenschlag in den Infight. Es ist am besten, sich so geschmeidig wie möglich zu nähern, wenn du das Langschwert des Feindes im Infight blockierst. Du musst das nicht mit Starrheit oder großer Kraft tun, denn wenn du am Gegner klebst, spielt Flexibilität eine Rolle. ›Klebrigkeit‹ und Starrheit sind zwei verschiedene Dinge, die du unterscheiden musst.

Nach Höhe streben

Mit ›nach Höhe streben‹ ist gemeint, dass du, wenn du dich einem Gegner näherst, unter welchen Umständen auch immer, deine Beine, Taille und deinen Hals streckst, damit du mindestens auf gleicher Höhe bist. Richte dein Gesicht an dem des Gegners aus, wie um die Größe zu vergleichen und sich als der Größere der erweisen. Selbst wenn es physisch nicht erreichbar ist und der Gegner deutlich größer ist, gib ihm das Gefühl, dass du der Größere bist. Verinnerliche das.

Der Körperschlag

Der Körperschlag bedeutet, sich dem Feind durch eine Lücke in seiner Deckung zu nähern. Du drehst dein Gesicht leicht zur Seite, streckst deine linke Schulter nach vorne und triffst ihn in die Brust. Übe beim Schlagen so viel Kraft wie möglich mit deinem Körper aus. Es geht darum, im Moment der höchsten Spannung explosionsartig zu schlagen. Wenn du diese Methode gelernt hast, kannst du einen Gegner mehrere Meter zurückwerfen. Es ist sogar möglich, einen Gegner so hart zu treffen, dass er stirbt. Das erfordert eine gründliche Ausbildung und Übung.

Drei Möglichkeiten, einen Angriff zu parieren

Es gibt drei Methoden, um einen Hieb zu parieren:

Erstens, indem du das Langschwert des Feindes nach rechts schlägst, als ob du ihm bei einem Angriff in die Augen stoßen wolltest.

Zweitens mit einer Bewegung gegen das rechte Auge des Gegners, dann abweichend nach unten, um seinen Hals aufzuschlitzen. Auch so kannst du das Schlagmanöver des Gegners mit einem Strich parieren.

Drittens, wenn du ein kürzeres Schwert hast, tritt ihm entgegen, als wolltest du ihm mit der linken Faust ins Gesicht schlagen. Dies kannst du tun – oder stich überraschend mit dem Kurzschwert zu.

Dies sind drei bewährte Paraden. In jedem Fall ist die linke Faust oder flache Hand ein brauchbares Werkzeug. Halte sie immer als Kampfmittel bereit. Übe das.

Ins Gesicht stechen

Wenn der Kampf ausgeglichen ist, denke zwischen den Schwerthieben daran, dem Gegner, seiner eigenen Klinge folgend, ins Gesicht zu stechen. Wenn er diese Absicht durchschaut, wird er Deckung suchen, indem er sich dreht. Wenn du deinen Gegner sogar dazu bringst, zurückzuweichen, hast du verschiedene Vorteile, die du nutzen kannst. Weicht der Gegner mitten im Gefecht derart zurück, hast du schon fast gewonnen. Daher ist es unerlässlich, die Taktik des ›Ins Gesicht Stechens‹ zu beherrschen. Dies solltest du im Zuge der Ausübung deiner Kampfkünste elaborieren.

Ins Herz stechen

Der Stich zum Herzen wird angewandt, wenn wir an einem Ort kämpfen, an dem weder über Kopf noch an den Seiten ausreichend Platz für Hiebe ist. Zeige dem Feind zunächst den Grat deiner Klinge, um ihn zu täuschen, dann stich zu. Du musst in die Brust des Feindes stechen, ohne die Spitze deines Langschwerts wanken zu lassen. Diese Technik ist auch oft nützlich, wenn wir müde werden oder es unserem Langschwert aus irgendeinem Grund an Schärfe fehlt. Versteh das Prinzip.

Der Schrei

Ein Schrei und ein wiederholter Schrei werden immer dann verwendet, wenn du einen Angriff startest und der Gegner kontert. Dann leitest du den Gegenschlag ein: Mit einem ersten Schrei, von unten kommend nach oben stoßend, mit einem zweiten Schrei dann den Hieb von oben, der den Gegner niederstrecken kann. Dieser Rhythmus muss gut geübt werden; man findet diesen Schachzug ständig in Duellen.

Die Schlagparade

Wenn du dich mit einem Gegner duellierst, schlage mit deinem eigenen Schwert auf seines, während er zuschlägt. Dies nennt man

Schlagparade. Die Idee der Schlagparade besteht nicht darin, besonders hart zu schlagen oder zu fangen und zu blocken, sondern das Langschwert des Feindes in Übereinstimmung mit seinem eigenen Hieb zu treffen und dann sofort auf seinen Körper zu halten.

Es ist wichtig, der Erste zu sein, der trifft, und der Erste, der einen Streich gegen den Körper führt. Wenn der Rhythmus deines Parierschlags stimmt, egal wie stark der Gegner zuschlägt, wird deine Schwertspitze nicht fallen. Dies ist wiederum eine Sache, die du hart trainieren musst.

Gegen viele Gegner stehen

Ein Stand gegen viele Gegner[48] ist, wenn du alleine gegen eine Gruppe kämpft. Zieh sowohl das Langschwert als auch das Begleitschwert, halte sie nach links und rechts und strecke sie horizontal aus. Das Prinzip ist, dass, selbst wenn die Gegner von allen Richtungen auf dich zukommen, du sie auf Distanz halten kannst.

Beobachte die Angriffsreihenfolge der Gegner und beschäftige dich zuerst mit denjenigen, die zuerst angreifen. Lass die Augen weit schweifen, prüfe sorgfältig die Stellungen, aus denen sie hervorkommen und schwinge deine Schwerter nach links und rechts. Warte nicht, bis die Gegner zu nahe sind. Die Idee ist, sofort die Bereitschaftsposition mit beiden Schwertern zur Seite einzunehmen und, wenn ein Gegner vorkommt, ihn mit kraftvollem Einsatz anzugreifen, ihn zu überwältigen und sich dann sofort zum nächsten zu wenden, und auch diesen niederzustechen. Verhindere, dass sich mehrere gleichzeitig vor dir aufbauen. Fege sie kraftvoll nach hinten und lasse sie keine Stellung vor dir aufbauen.

Doch es wird schwierig sein, letztlich erfolgreich zu sein, wenn du die Gegner nur umherjagst. Das Ziel ist, sie nacheinander zu

---

[48] Gegen viele Gegner stehen: Musashi gilt als Erfinder des Zwei-Schwerter-Stils. Er empfiehlt die Verwendung von zwei Schwertern, wenn es nötig wird, alle Ressourcen einzusetzen. Wenn er selbst gegen einen erfahrenen Schwertkämpfer antrat, benutzte er in der Regel nur das Langschwert.

bekommen. Doch das verleitet dich zum Warten, was auch nicht gut ist. Du kannst gewinnen, indem du ihren Rhythmus spürst und ahnst, wann und wo du sie treffen kannst.

Wenn du im Training gelegentlich eine Gruppe von Gegnern zusammenstellt und übst, ist das die beste Vorbereitung. Es ist möglich, eine Gruppe von Gegnern zu überwinden, aber es erfordert bestmögliche Vorbereitung und hartes Training.

Mündliche Überlieferung

›Vorteil im Duell‹ bedeutet zu verstehen, wie man mit dem Langschwert nach den Gesetzen der Kampfkunst gewinnt. Dies kann man schwerlich aufschreiben, und man kann auch durch das Lesen von Wörtern nicht gewinnen; statt dessen musst du erkennen, wie man durch Übung und Training gewinnt. »Die wahre Kampfkunst offenbart sich im Gebrauch des Langschwerts«[49], sagt man.

Der Einzelschlag

Mit dem Geist des ›Ein Schnitt‹ kann man siegreich sein. Doch es ist schwierig, dies zu erreichen, ohne die Kampfkünste durch und durch zu verstehen. Wenn du so weit bist, dass die Strategie und Kampfkunst aus deinem Herzen kommt, bist du reif dafür, auf diese überlegene Art zu siegen.

Körperstrategie und Penetration

Ein Sprichwort sagt: Lehre deine Körperstrategie. Der Geist der direkten Durchdringung und Überwältigung des Gegners ist etwas, das du spirituell auf dem Weg der Zwei-Schwerter-Schule lernen kannst. Er gibt dir Kraft im Einzelkampf und schult deine strategischen Fähigkeiten im Feldkampf.

---

[49] Alle Kendo-Schulen haben auch mündliche Überlieferungen, im Gegensatz zu den Lehren, die in formaler Praxis weitergegeben werden.

Epilog

DAS BUCH DES WASSERS, das hier endet, gab dir einen Überblick über den Schwertkampf der Ichi-Schule. Um zu lernen, wie du mit dem Langschwert in der Strategie gewinnst, lerne zuerst die fünf Techniken und Positionen. Sieh das Langschwert als ein Teil von dir. Verstehe Geist und Timing, um das Langschwert natürlich zu handhaben und dich natürlich zu bewegen. Körper, Beine und Langschwert stehen im Einklang mit deinem Geist. Das gilt im Einzelkampf genau wie in der Feldschlacht. Lerne diese Tugenden, wann immer sich die Gelegenheit ergibt. Studiere im Training den Einzelkampf, verbessere deine Strategie und deine Übersicht im Feld. Auch wenn es ein Weg von tausend Meilen ist, gehe einen Schritt nach dem anderen.

Studiere die Strategie über die Jahre und erreiche den Geist des Kriegers. Das ist deine Pflicht, wenn du ein wirklicher Krieger sein willst. Heute überwindest du dein eigenes gestriges Selbst. Morgen besiegst du durchschnittliche Kämpfer. Übermorgen kannst du die Großen schlagen. Trainiere nach diesem Buch, und erlaube es deinen Stimmungen nicht, dich auf einen Seitenweg abzulenken. – Und bedenke: Selbst wenn es dir gelingen sollte, einen Feind zu töten, ist das nicht der wahre Weg, sofern es nicht auf dem basiert, was du gelernt hast.

Wenn du also dieses Prinzip des Sieges verstehst, kannst du mehrere Dutzend Gegner besiegen. Wenn du auf dieser Stufe bist, bist du im Zweikampf ebenso wie in der Feldschlacht ein Meister und Stratege. Dies erfordert eine gründliche Selbstprüfung mit tausenden von Übungstagen für das Training und zehntausend Übungstagen für die Verfeinerung.

Im zweiten Jahr von Shoho (1645), der fünfte Monat, der zwölfte Tag,
Shinmen Musashi

DAS BUCH DES FEUERS
DAS GEFECHT

DIESE SCHRIFTROLLE DES FEUERS beschäftigt sich mit der Strategie und Kampfkunst in größerem Maßstab.

Zunächst einmal, wenn es um Kampf geht, denken die meisten Menschen an einen Zweikampf, ein Duell. Einige wissen, wie man einen Vorteil aus der Haltung der Hand gewinnt, oder durch Einsatz der Fingerspitzen. Einige wissen, wie man mit einer Fächerbewegung durch rechtzeitiges Schwingen des Unterarms gewinnt. Sie spezialisieren sich auf diese Details der Geschicklichkeit, lernen spezielle Hand- und Beinbewegungen mit dem Übungsschwert aus Bambus.[50]

Meine Ni Ten Ichi Ryu-Schule beruht dagegen auf einer umfassenden Lebenshaltung, die ich durch zahlreiche Duelle erwarb, in denen ich mein Leben aufs Spiel setzte. Der Krieger muss die Prinzipien von Leben und Tod erkannt haben und bereit sein, sein Schicksal herauszufordern. Und er muss die Technik verstehen; die Stärke und Schwäche der Schwerthiebe der Gegner richtig einschätzen, die Verwendung der Klinge und des Schwertrückens beherrschen, und üben, wie man Gegner tötet.

Mit Detail-Techniken kann man nicht gewinnen. Gerade wenn man in voller Kampfausrüstung (›Roku Gu‹, volle Rüstung) ist, kann man sich nicht mit Kleinigkeiten[51] beschäftigen. In meiner Strategie-Lehre geht es darum, sogar fünf oder zehn Gegner in höchster Gefahr zu bekämpfen – und zu schlagen. Der Grundsatz »ein Mann

---

[50] Bambus-Übungsschwert: In der Geschichte des Kendo gab es Übungsschwerter verschiedener Art. Einige bestehen aus gespleißtem Bambus, der mit Stoff oder Fell überzogen ist.

[51] Volle Rüstung: ›Roku Gu‹ bedeutet ›sechs Teile‹. Dies ist eine Rüstung, die aus Harnisch, Stulpen, Ärmeln, Schürze und Oberschenkelstücken, oder nach einer anderen Konvention aus Körperpanzer, Helm, Maske, Oberschenkelstücken, Stulpen und Beinstücken besteht.

kann zehn schlagen, also können tausend Männer zehntausend schlagen« ist folgerichtig keine Floskel, sondern ernstzunehmendes Basiswissen.

Leider ist es unmöglich, täglich tausende oder zehntausende Männer für das Training einzusammeln. Aber auch wenn du alleine mit dem Schwert trainierst, kannst du das Wissen und die Taktik aller Gegner imaginieren, seine starken und schwachen Bewegungen, seine klugen und unbedachten Manöver. Finde heraus, wie du jeden und alle mit Hilfe strategischen Denkens schlagen kannst. Werde zum Meister dieses Wegs.

Wer kann das vollständige Verständnis meiner Strategie erreichen? Derjenige, der Tag und Nacht trainiert und seine Fähigkeiten verfeinert, mit der Entschlossenheit, zur Vollendung und Perfektion zu kommen, kann dies. Durch totale Hingabe erlangst du die einzigartige Freiheit, bist mit unvorstellbarer Kampfkraft ausgestattet und kannst – in den Augen Außenstehender – fast Wunder vollbringen. Das ist das Gesetz der Kampfkünste.

Die Bedeutung des Ortes

Beachte die Umgebung. Stelle dich in die Sonne, das heißt, nimm eine Haltung mit der Sonne im Rücken ein. Wenn dies die Situation nicht zulässt, versuche, die Sonne auf deiner rechten Seite zu haben. In Gebäuden sollte der Raum nach links und nach hinten hin offen sein, während dein rechter Arm und deine rechte Flanke die primäre Kampfseite sind.

Nachts, wenn der Feind naht, halte das Feuer hinter dir und nimm ansonsten eine Haltung wie oben ein. Versuche einen höheren Standpunkt als dein Feind zu gewinnen und auf ihn herabzublicken, und selbst wenn es nur eine minimale Erhöhung ist. In einem Haus gilt zum Beispiel die Kamiza[52] als ein erhöhter Ort.

---

[52] Kamiza: Die Residenz des Ahnengeistes eines Hauses. Der Patriarch des Hauses sitzt diesem Ort am nächsten. Es ist oft eine leicht erhöhte Aussparung in einer Wand, die manchmal eine hängende Schriftrolle oder andere religiöse Gegenstände enthält.

Wenn es zum Kampf kommt, versuche immer, den Feind auf deiner linken Seite zu behalten. Jage ihn zu unangenehmen Stellen, etwa ein Hindernis, und versuche, ihn mit dem Rücken daran zu halten. Wenn der Feind in eine ungünstige Position gerät, forciere deinen Angriff und gib ihm keine Gelegenheit, sich umzusehen. Versuche, ihn weiter in die Enge zu treiben. In Innenräumen jage den Feind gegen Säulen, Türschwellen, Türen, Trennwände, Veranden oder andere Hindernisse, gib ihm keine Pause.

Nutze also die Eigenschaften des Ortes, um dominante Positionen zu erreichen, treibe den Gegner zu Stellen, an denen der Boden schlecht ist oder auf beiden Seiten Hindernisse sind. Nutze alle Qualitäten der Umgebung und konzentriere dich darauf, die Situation zu deinem Vorteil zu wenden. Auch dies erfordert – wie sollte es anders sein – sorgfältiges und gründliches Trainieren und Verstehen.

Die drei Methoden, um einen Vorteil zu gewinnen

Es gibt drei Arten der Präemption[53] (Vorteilsgewinnung):

Die erste besteht darin, dem Angriff des Gegners zuvorzukommen, indem man selbst angreift, ›Ken No Sen‹ (Präemption durch Initiative). Die zweite Methode ist, den Angriff des Gegners abzuwarten aber zu antizipieren, und ihn sofort wenn er angreift, zu stören und aus dem Gleichgewicht zu bringen. Das nennt man ›Tai No Sen‹ (Präemption aus dem Wartezustand heraus). Drittens

---

[53] Ein großer Schwertkämpfer wird die Fähigkeit haben, dem Feind zuvorzukommen. Er ist immer ›vor‹ seiner Umwelt. Damit ist nicht Geschwindigkeit gemeint. Einen guten Schwertkämpfer kann man nicht schlagen, denn er sieht unterbewusst den Ursprung jeder Handlung. Man sieht im Kendo immer wieder alte Kämpen, die eifrigen jungen Recken langsam fast beiläufig auf den Kopf schlagen. Es ist eine lang geübte Fähigkeit. (Zitiert nach Victor Harris)

schließlich der gegenseitige gleichzeitige Angriff, den man mit überlegener Technik und Kampfkunst für sich entscheiden kann. Das nennt sich ›Tai Tai No Sen‹ (Präemption im Zustand gegenseitiger Konfrontation).

Wer die Führung im Kampf übernimmt, hat die besten Chancen auf den Sieg.

Es gibt keine anderen Methoden als diese drei, um die Führung zu übernehmen. Da du schnell gewinnen kannst, indem du diesen Vorteil hast, ist dies eines der wichtigsten Prinzipien in der Strategie. Unzählige Details und Feinheiten haben mit Präemption zu tun, aber sie können nicht umfassend niedergeschrieben werden, da es darum geht, auf das Muster der jeweiligen Situation zu reagieren, die Absichten des Gegners zu erkennen und dein Wissen über Kampfkünste zu nutzen, um zu gewinnen.

Nun etwas differenzierter:

DIE ERSTE METHODE – KEN NO SEN

Erstens gibt es eine Vorteilsgewinnung aus dem Nichts, aus dem totalen Überraschungsmoment: Wenn du angreifen willst, bleibst du ruhig und still, dann springst du deinen Gegner an, indem du plötzlich und schnell angreifst. Sei nach außen kraftvoll und schnell, aber nach innen bedacht und vorsichtig.

Alternativ kannst du mit so starkem Geist wie möglich vorrücken, und wenn du den Feind erreichst, steigerst du dein Tempo und deine Energie noch weiter, um ihn zu verunsichern und ihn scharf zu überwältigen.

Du kannst auch durch mentale Kraft gewinnen, indem du mit absoluter Entschlossenheit vorrückst, um den Feind völlig zu vernichten. Das ist der Sieg durch gründliche Stärke des Herzens. Dein Geist soll in den Tiefen des Feindes gewinnen. All dies ist ›Ken No Sen‹ – Beispiele für die Präemption aus einem Initiativzustand.

Die zweite Methode – Tai No Sen

Zweitens die Vorteilsgewinnung aus einem Zustand des Wartens: Wenn ein Gegner auf dich zukommt, reagierst du nicht, sondern wirkst schwach. Wenn der Feind dich dann erreicht, weiche aus und täusche an, zur Seite zu springen. Sobald du siehst, dass der Gegner sich entspannt, greifst du ihn entschlossen an. Dies ist eine Möglichkeit der Vorteilsgewinnung. Eine weitere: Wenn der Feind angreift, fighte noch stärker zurück und nutze die daraus resultierende Unordnung in seinem Timing, um zu gewinnen. Beide Techniken gehören zum Tai-No-Sen-Prinzip, der Präemption aus dem Wartezustand heraus.

Die dritte Methode – Tai Tai No Sen

Drittens: Präemption in einem Zustand gegenseitiger Konfrontation. Falls ein Gegner *schnell* angreift, greifst du ruhig und doch kraftvoll an. Wenn er in die Nähe kommt, konzentriere dich extrem, und wenn er Anzeichen von Nachlassen zeigt, nutze die Gelegenheit mit äußerster Entschlossenheit.

Oder, wenn der Feind *ruhig* angreift, musst du seine Bewegungen beobachten und mit leicht schwebendem Körper mitmachen, sobald er sich nähert. Beschleunige dann deinen Angriff unerwartet, und triff ihn mit einem Schlag so effektiv wie möglich. Das ist ›Tai Tai No Sen‹, die Präemption aus einem Zustand gegenseitiger Konfrontation.

Es ist schwer, diese drei Techniken im Detail schriftlich zu erklären. Du musst dieses Buch in der Praxis verinnerlicht haben, um hier vollständig erfolgreich zu sein. Diese drei Arten der Vorteilsgewinnung hängen von der Zeit und der Logik der Situation ab. Auch wenn du nicht immer derjenige sein kannst, der angreift: sobald du die Gelegenheit hast, ergreife die Initiative und bringe den Gegner in die Defensive.

Wie immer die Ausgangslage auch sei: die Idee der Präemption und dein Wissen darum, hilft dir, einen sicheren Sieg zu erringen. Du musst sie studieren, kultivieren und elaborieren.

Das Kleinhalten des Potentials

Das Kleinhalten des Potentials oder ›Ein Kissen niederhalten‹[54] bedeutet, dem Feind nicht zu erlauben, sich zu recken und groß zu machen. In der Kampfkunst ist es im Laufe des Duells schlecht, von anderen herum manövriert zu werden. Es ist stattdessen wünschenswert, den Gegner selbst mit allen möglichen Mitteln zu kontrollieren. Der Feind wird logischerweise auch in diese Richtung denken. Darum setze dich in den Vorteil.

Zur guten Strategie gehört es, die Schläge eines Gegners zu stoppen, seine Schnitte zu stoppen und seinen Griff loszuwerden. ›Das Kleinhalten des Potentials‹ bedeutet, dass du, wenn du meine Kampfkunst erworben hast und mit einem Gegner beschäftigt bist, jedes Mal, wenn der Gegner erahnen lässt, einen Angriffszug zu machen, du es wahrnimmst, bevor er handelt. Den Angriff eines Gegners im Keim zu ersticken, ihn sich nicht entfalten zu lassen und ihm nicht Raum zugeben, nennt man ›das Kissen niederhalten‹, oder das Kleinhalten des Potentials. Du hemmst etwa den Angriff eines Gegners ab dem Moment A; du hemmst den Sprung eines Gegners ab dem Moment B und den Hieb eines Gegners ab dem Moment C. – Dies folgt jeweils dem gleichen Prinzip.

Ein Grundgedanke meiner Strategie ist es, die nützlichen Aktionen des Feindes zu unterdrücken, seine nutzlosen Aktionen aber laufen zu lassen. Dies allein reicht jedoch noch nicht, denn es ist nur eine defensive Aktion. Im Weiteren kommt es darauf an, ihm einen Schritt voraus zu sein. Zuerst also unterdrücke die Techniken des Feindes, vereitele seine Absichten und bring ihn dann unter Kontrolle. Gegner auf diese Weise zu manipulieren, ist die Beherrschung der Kriegskunst, die aus der Praxis kommt. ›Das Niederhalten des Kissen‹, mit anderen Worten das Kleinhalten des Potentials, erfordert ausgiebiges Training.

---

[54] ›Ein Kissen niederhalten‹: Samurai und japanische Damen schliefen mit dem Kopf auf einem kleinen Holzkissen, das so geformt war, dass es zu ihrer Frisur passte.

Eine Furt überqueren

Wenn du ein Meer überquerst, gibt es Orte, die Meerengen genannt werden. Auch meilenbreite Stellen, an denen sich ein Meer überqueren lässt, kann man als Furt betrachten. Auch im Leben eines Menschen wird es im Laufe des Zeit viele Situationen geben, die der Überquerung einer Furt gleichkommen. Auf diesen entscheidenden Passagen also, wenn man weiß, wo die Furten sind; wenn man den Zustand des Bootes kennt, wenn man das Wetter kennt, ist man – selbst allein auf hoher See – gewappnet. Man kann Seitenwinde ausnutzen, bekommt manchmal sogar günstiges Wetter und weiß, dass man sogar bei einem Windumschwung immer noch per Ruder den Hafen erreichen kann. So ist man ein sicherer Kapitän und überquert die Furt.

Das Gleiche gilt für den Alltag: Stell dir in schwierigen Situationen immer vor, eine Furt zu überqueren. Im physischen Duell mit dem Schwert kann es auch mitten im Gefecht wichtig sein, ›eine Furt zu überqueren‹. das heißt die Fähigkeiten des Feindes zu erkennen und im Wissen um die eigenen Stärken an der vorteilhaften Stelle die Passage zu machen – wie ein guter Kapitän auf hoher See.

Nachdem du die Furt überquert hat, kannst du dich entspannen. Eine Furt zu überqueren bedeutet, den schwachen Punkt des Feindes anzugreifen und sich in eine vorteilhafte Position zu bringen. Ob in der groß angelegten Militärwissenschaft oder in einzelnen Kampfsituationen – das Gefühl, eine Furt zu überqueren, ist wesentlich. Verinnerliche das gut.

Die Lage analysieren

›Die Lage analysieren‹ bedeutet in der Feldschlacht, die Disposition und Logistik des Feindes zu kennen. Verbessern oder verschlechtern sich die Parameter des Gegners? Befindet er sich im Aufblühen oder Niedergang? Indem du die gegnerischen Truppen lokalisierst und ihren Zustand analysierst, kannst du deren Disposition und

Logistik herausfinden und deine Männer entsprechend vorteilhaft in Stellung bringen.

Auch im Zweikampf musst du dem Feind in der Analyse der Situation einen Schritt voraus sein. Erkenne, nach welcher Strategieschule er kämpft, wisse um seine Stärken und Schwächen, kenne seine Tagesform. Manövriere dann entgegen seiner Erwartungen, bestimme du Metrum, Rhythmus und das richtige Timing. Mach den ersten Zug; das ist entscheidend.

Wenn du darin geübt bist, die Lage zu analysieren, wirst du ein überlegener Kämpfer. Dies ist ein Ergebnis der vollständigen und grenzenlosen Einsicht in die Kampfkünste. Diese Einsicht wird dich dazu führen, den Gegner zu durchschauen, ihm immer einen Schritt voraus zu sein, und sie wird dir viele unterschiedliche Wege zum Sieg bahnen.

Das Schwert niedertreten

›Das Schwert niedertreten‹ ist ein in den Kampfkünsten oft verwendetes Prinzip. In der Feldschlacht ist es, selbst mit Bogen und Musketen, schwierig, einen Gegner zu treffen, wenn er selbst zunächst seine Waffen abfeuert und dann sofort angreift – während die andere Seite noch damit beschäftigt sind, Pulver in die Musketen zu laden oder Pfeile einzukerben.

Die Idee ist darum, sofort anzugreifen, während der Feind noch mit Bogen oder Kanonen schießt. Wer sich rasant bewegt, kann schwieriger getroffen werden. Spüre also die Taktik, mit der der Gegner angreift, und tritt dann ›sein Schwert nieder‹, mit anderen Worten, dominiere ihn und vereitle sein Vorhaben.

›Treten‹ bedeutet hier nicht, mit den Füßen zu stampfen. Tritt mit dem Körper, dem Geist und dem Langschwert. Erlaube dem Gegner schlichtweg nicht, ein zweites Mal anzugreifen. Das ist die beste Vorbeugung. Wenn du den Feind erreicht hast, kämpfe also nicht nur mit ihm, sondern binde ihn, klammere dich an ihn.

Auch im Zweikampf nutzt es wenig, sich nur einen brillanten, klingenden Schlagabtausch mit dem Langschwert zu liefern. Vielmehr müssen wir von Anfang an bestrebt sein, den Gegner zu dominieren. Hier also der Ursprung der Wendung ›Schwert niedertreten‹: Wenn ein Gegner mit seinem Schwert zuschlägt, stoppst du seinen Angriff, indem du das Schwert mit deinem Fuß niedertrittst und dafür sorgst, dass er keinen zweiten Schlag ausführen kann. Es geht also nicht darum, den Gegner mit einem glücklichen Schlag zu treffen, sondern um die sofortige und unnachgiebige Ausübung von Dominanz.

Die Schwäche des Gegners lesen

Kollaps kann überall passieren, Häuser können zusammenstürzten, ebenso können Gegner kollabieren, der Körper bröckelt und wird unsicher, wenn er aus dem Rhythmus gerät.

In der Feldschlacht musst du, wenn der Gegner mürbe und schwach wird, ihn verfolgen und weiter in Bedrängnis bringen. Wenn du diese Gelegenheit verpasst und das Timing nicht nutzt, besteht die Wahrscheinlichkeit eines Gegenangriffs, sobald sich der Gegner erholt hat.

Auch im Duell wird der Gegner manchmal den Rhythmus verlieren und unsicher werden. Nutze diese Gelegenheit sofort. Wenn du eine solche Chance an dir vorbeiziehen lässt, wird sich der Widersacher erholen und deine Pläne durchkreuzen. Es ist also wichtig, jeden Gleichgewichtsverlust eines Gegners konsequent zu verfolgen, um zu verhindern, dass er sich erholt.

Das Weitere fordert Direktheit und Kraft: es geht darum, so heftig zuzuschlagen, dass sich ein Gegner nicht erholen kann. Du musst ihn vollständig niederschlagen, damit er seine Kampfposition nicht wiedererlangt. Studiere, wie du einen Gegner vollständig zu Boden bringst.

Zum Gegner werden

›Zum Gegner werden‹ bedeutet, sich in die Lage eines Gegners zu versetzen und aus dessen Sicht zu denken. Viele meinen, der in einem Haus verschanzte Einbrecher sei ein mächtiger Gegner. Für ihn sieht es jedoch anders aus. Die ganze Welt scheint gegen ihn zu sein und ist in einer hilflosen Situation gefangen. Der Versteckte ist ein Fasan. Derjenige, der dort hineingeht, um es auszufechten, der Falke. Denke gut darüber nach.

Auch in der großen Feldschlacht werden Gegner oft als mächtig betrachtet und zögerlich angegangen. Jedoch, wenn du gute Truppen hast, die die Prinzipien der Kampfkunst beherrschen und wissen, wie sie einen Gegner besiegen können, gibt es nichts, worüber man sich Sorgen machen müsste.

Auch im Zweikampf sollte man in der Lage sein, sich in die Schuhe des Gegners zu versetzen. Wenn du von vornherein denkst: »Das ist ein Großmeister, der alle Tricks und Finten beherrscht, einer, der alle Kampfkünste und Techniken versteht – dann wirst du wahrscheinlich verlieren. Sei respektvoll, aber keinesfalls ängstlich.

Vier Hände lösen

Das, was man ›Vier Hände lösen[55]‹ nennt, gilt für den Fall, dass du und dein Gegner ausgewogen kämpft und der Schlagabtausch in einer Sackgasse steckt. Keiner erzielt Fortschritte, die Zeit verrinnt. Dann solltest du diese Herangehensweise sofort abbrechen und einen anderen Ansatz versuchen.

In der großen Feldschlacht wird es viele Verluste geben, wenn der Kampf im Gleichgewicht verharrt und die Gegner aneinander festhängen. Dann ist es wichtig, sofort anzuhalten, die Taktik zu

---

[55] Hier scheint eine Art ›Deadlock‹ gemeint zu sein. Vier Hände lösen: ›Yotsu te o hanasu‹ bezeichnet jedoch in der Regel eine anspruchsvolle Technik, bei der der Kämpfer in jeden Hand ein Schwert hält, und beide Schwerter in verschiedene Richtungen wirbelt.

wechseln und dem Gegner mit einem nicht vermuteten Schachzug zu begegnen.

Wenn du im Zweikampf in so eine ›Vier-Hand-Situation‹ gerätst, denke blitzschnell und ändere deiner Strategie, noch ehe der Gegner sich dessen richtig bewusst wird.

Der sich bewegende Schatten

Der ›sich bewegende Schatten‹ ist eine Strategie, die du in der Feldschlacht anwendest, wenn du Position, Strategie und Ressourcen des Gegners nicht kennst: Täusche einen Angriff vor, der ihn zwingt, aus der Deckung zu kommen. Dies wird dir Informationen liefern, die du brauchst, um mit einer maßgeschneiderten Strategie dem Feind zu Leibe zu rücken.

Nicht viel anders im Zweikampf: wenn der Gegner eine seitliche Position einnimmt, die das Langschwert hinter ihm verdeckt, starte einen Scheinangriff. Das wird ihn zwingen, sein Schwert zu zeigen. Aus der unsicheren Phase, die sich daraus ergibt, richte deinen Geist nach vorne und attackiere ihn. Dieser Vorteil kann dir den Sieg bringen, wenn du Rhythmus und Timing beherrschst.

Den Schatten niederhalten

›Den Schatten niederhalten‹, ist eine Strategie, die du verwendest, wenn du die taktischen Ansichten des Gegners kennst oder wenn sie offensichtlich sind. In der großen Feldschacht bedeutet dies, die Aktion des Feindes am eigentlichen Handlungsimpuls zu stoppen. Wenn du dem Gegner deutlich zeigen kannst, dass du die Lage beherrschst, wird er – gehemmt durch deine Stärke – zögern. Dadurch stellst du eine schwebende Situation her, aus der heraus du mit deinen Truppen sofort attackierst.

Im Duell benutzt du diesen Rhythmus, um die starke Entschlossenheit und Motivation des Gegners auszubremsen; finde im Moment seines Zögerns den entscheidenden Vorteil und ergreife jetzt die Initiative. Trainiere das.

Ansteckungs-Effekt

Vieles kann durch Simulation[56] weitergegeben werden: Schläfrigkeit, Gähnen, Rhythmus, sogar der Zeitgeist[57]. Wenn in einer Feldschlacht der Gegner aufgeregt ist und schnell handeln will, verhalte dich mit deinen Truppen, als wärt ihr völlig unbeeindruckt; erwecke den Anschein, als seien deine Männer völlig entspannt und gelassen. Dies wird den Feind anstecken und er wird Spannung und Aufmerksamkeit verlieren. Jetzt ist der Moment gekommen, um zuzuschlagen.

Im Duell gilt das Gleiche: Du kannst gewinnen, indem du deinen Körper scheinbar entspannst, oder gelangweilt und nachlässig wirkst, und – sobald der Gegner sich anpasst – energisch zuschlägst. Man kann das als Methode er Einschläferung betrachten oder als ›Betrunkenmachen‹ des Gegners.

Aus dem Gleichgewicht bringen

Viele Dinge können einen Verlust des Gleichgewichts verursachen. Eine Ursache ist das Gefühl, unter akutem Druck zu stehen. Eine weitere Ursache ist Überforderung, eine dritte Überraschung.

In der großen Schlacht ist es wichtig, den Gegner aus dem Gleichgewicht zu bringen: Attackiere ohne Vorwarnung, und dort, wo der Feind es nicht erwartet. Während der Gegner noch zaudert und überlegt, verfolgst du deinen Vorteil und besiegst ihn, wenn du in der Initiative bist.

Oder simuliere im Zweikampf zunächst, dass du langsam und träge bist, und dann greife plötzlich heftig an. Ohne dem Gegner Raum zum Atmen zu geben, um sich von den Schwankungen seines Geistes zu erholen, musst du die Gelegenheit ergreifen, um zu gewinnen. Mach dich mit dieser Taktik vertraut.

---

[56] Infektion, Weitergabe, Ansteckung, Spiegelung

[57] Die Infektion einer Zeit. Die Mentalität oder Stimmung einer Zeit oder eines Zeitalters wird in erster Linie durch kulturelle Weitergabe bestimmt, weniger durch Überzeugung, Nötigung oder Zwang.

Angst schüren

Angst steckt überall. Unerwartetes, Unbekanntes schürt Angst.

Auch in der Feldschlacht kann der Feind nicht nur durch das Offensichtliche in Furcht geraten, sondern auch durch das, was du ihm einflößt. Das kann ein Angriffsgeschrei sein, ein unerwartetes Seitenmanöver oder geschickt vorgespielte zahlenmäßige Überlegenheit. In solchen Situationen kann Angst auftreten. Wenn du des Gegners Schreckensmoment nutzt, kann dir das zum Sieg verhelfen.

Nicht minder im Zweikampf: Auch hier kannst du den Feind erschrecken oder überraschen, sei es mit Geschrei, einer Langschwert-Bewegung oder einem rigorosen Manöver. Tue plötzlich einen vom Gegner völlig unerwarteten Zug, nutze die Schrecksekunde und ringe ihn auf der Stelle nieder. Das musst du wie alles andere heftig trainieren.

Eintauchen

Wenn du im Nahkampf bist und der Gegner stark, so stark, dass er dich in Bedrängnis bringen kann, geh in den Nahkampf. Halte dich am Gegner fest, tauche in ihn ein. Während er ebenfalls klammert aber keine Initiative hat, suche du aktiv nach deiner Chance.

Das Gleiche gilt auch in der Feldschlacht: Wenn sich die Parteien erbittert gegenüberstehen und nicht klar ist, wer sich durchsetzen kann, lass deine Männer in den Feind ›einsickern‹. Binde die gegnerischen Truppen, so dass sie unbeweglich werden. Und genau in diesem Moment geht es wieder darum, die eigene Chance zum Vorteil zu erkennen und auszunutzen.

Die Ränder attackieren

Kompakte Dinge sind durch direktes Drücken schwer zu bewegen oder zu verletzten, also sollte man sie an den Rändern angreifen. In der Feldschlacht, wenn der Gegner kompakt vorrückt, ist es vorteilhaft die seitlichen Ränder des Blocks zu attackiere. Wenn die Ecken zusammenstürzen, wird die ganze Truppe instabil. Wenn die Ränder dem Kollabieren nahe sind, musst du als Kommandant das erkennen und die Situation zu Gunsten deiner Truppen nutzen.

Im Einzelkampf gilt das Gleiche. Triff die Extremitäten deines Gegners und schwäche ihn so. Nach einiger Zeit wird er so geschwächt oder eingeschränkt sein, dass er zusammenbricht und ein wehrloses Opfer wird.

In Verwirrung stürzen

Den Gegner zu verwirren bedeutet, ihm den ruhigen Verstand und die Konzentration zu nehmen.

In der Feldschacht bedeutet das – Dank guter Information, die dir vorliegen sollte – deine Macht des Wissens einzusetzen, um den Feind ins Chaos zu stürzen. Manipuliere seine Aufmerksamkeit, führe ihn in die Irre. Hierhin, dorthin? Langsam, schnell? Wenn er verwirrt keine Antwort mehr findet, wenn sein Rhythmus zerstört ist, bist du dem Sieg nahe.

Im Zweikampf kannst du den Feind verwirren, indem du wechselnd mit verschiedenen Manövern angreifst, so dass er sich nicht auf dich einstellen kann. Täusche Schläge oder Stöße vor, simuliere einen Angriff, weiche auf eine überraschende Seite aus. Wenn der Gegner nervös wird, ist das dein Vorteil, und du kannst fast nach Belieben gewinnen. Das ist die Essenz der Kampfkunst.

Drei Schreie

Schreien ist ein Mittel. Es gibt den Anfangs-, Mittel- und Schluss-schrei. Setze den Schrei gezielt und mit Timing ein. Die Stimme ist ein kraftvolles Ding des Lebens. Wir schreien gegen Feuer, gegen den Wind und Wellen. Deine Stimme zeigt Energie.

In der Feldschlacht sollte das Geschrei zu Beginn des Kampfes so laut wie möglich sein, im Verlauf des Gefechts sollte das Geschrei dunkel und aus der Tiefe dröhnend sein, während das Geschrei nach dem Sieg laut und triumphierend sein sollte. Das sind die drei Schreie.

Im Duell tun wir so, als würden wir mit dem Langschwert schlagen und gleichzeitig ›Aii‹ rufen, um den Feind zu verwirren; dann schlage mit leichter Zeitverzögerung. Wenn der Gegner niedergestreckt ist, verkünde das mit einem Schrei. Dies nennt man ›sen go no koe‹ (vor und nach der Stimme). Du schreist nie gleichzeitig, während du dein Schwert schwingst. Schreien begleitet nicht den Schlag, sondern ist ein Rhythmusmittel, um die Schläge im richtigen Moment zu setzen.

Durchmischen

In der Feldschlacht, wenn die Truppen in Konfrontation stehen, bedeutet Mischen, eine starke Flanke des Gegners anzugreifen, und, sobald man bemerkt, dass der Gegner wankt, sich zurückzuziehen und einen anderen essentiellen Punkt der Front anzugreifen. Das führt zu einem Angriff in gezackter Bahn, der für den Gegner schwer berechenbar ist.

Dies ist auch bei Einzelkämpfen unerlässlich, wenn man einer Gruppe von Gegnern im Alleingang gegenübersteht. Jedes Mal, wenn du einen erledigt oder verjagt hast, greife einen anderen starken Gegner an. Bewege dich wie auf einem gewundenen Bergpfad. Finde den Rhythmus, beobachte die Verfassung und das Niveau der Feinde, um effektiv anzugreifen. – Das gilt auch für eine Situation, in der du dich einem einzigen mächtigen Gegner im Einzelkampf stellst. Sobald du eines seiner Manöver pariert hast, zielst du auf eine andere Stelle seines Körpers.

›Durchmischen‹ bedeutet also, sehr flexibel mit der eigenen Taktik umzugehen, und niemals in einer einzelnen Pose zu verharren. Sei flexibel und wendig, weiche aber nicht zurück.

Marginalisieren

Marginalisieren bedeutet, dass man einen Gegner klein macht, indem man ihn als klein brandmarkt.

In der Feldschlacht heißt das, dass wir einem Gegner, der zahlenmäßig gering ist, oder dessen Geist moralisch schwach oder angeschlagen ist, zu erkennen geben, dass wir um seine Schwäche wissen. Das kann den Feind demoralisieren, und er wird so schwach, wie er vielleicht gar nicht war. Nutze die Gelegenheit, ihn dann niederzumähen und zu zermalmen. Aber gib acht, dass dieses Manöver dir nicht selbst schadet, indem du deine Truppen als *zu* überlegen einschätzt.

Wenn der Feind im Zweikampf weniger geschickt ist als du, wenn er schwächelt, sein Rhythmus unorganisiert ist oder er in eine ausweichende oder defensive Haltung verfällt, musst du ihn sofort vernichten, ohne ihm Raum zum Atmen zu lassen. Mähe ihn direkt nieder, ohne ihm Zeit zu geben, mit den Augen zu blinzeln. Das Wichtigste ist, ihm nicht die Gelegenheit zu geben, sich zu erholen. Bedenke und übe dies gut.

Berg und Meer im Wechsel

Der ›Berg-Meer‹-Wechsel bedeutet, dass es schlecht ist, dasselbe Manöver mehrmals zu wiederholen, wenn man gegen einen Feind kämpft. Möglicherweise musst du etwas einmal wiederholen, aber es sollte kein zweites Mal wiederholt werden. Wenn du mit einem Manöver angreifst und scheiterst, gibt es wenig Erfolgsaussichten, wenn du dasselbe noch einmal versuchst. Ändere in dem Fall abrupt deine Taktik und mache etwas völlig anderes. Wenn das ebenfalls nicht funktioniert, versuche ein weiteres anderes Manöver.

Wenn der Feind wie ein Berg ist, greife an wie ein Meer, wenn er wie ein Meer ist, greife an wie ein Berg.

Die Tiefe des Gegners durchdringen

Wenn du mit einem Feind kämpfst und erfolgreich bist, kann es oberflächlich erscheinen, als sei er geschlagen. Doch Vorsicht: Er kann noch ideenreich sein, sein Geist kann noch unbesiegt sein, er mag die Niederlage noch nicht akzeptiert haben. Überwinde also auch diese letzte Hürde, ›durchdringe seine Tiefe‹, erschüttere ihn ins Mark. Auf dass er nicht auf den Gedanken kommt, noch einmal

Widerstand zu leisten. Es ist wichtig, dass sich der Gegner aus tiefstem Herzen besiegt fühlt.

So wie du mit dem Schwert in ihn eindringen kannst, kannst du auch mit deinem Geist in ihn eindringen und ihn total und restlos besiegen.

Wenn dein Feind völlig in der Tiefe zerschmettert ist, brauchst du ihm keine Aufmerksamkeit mehr zu widmen. Andernfalls musst du wachsam bleiben. Solange der Gegner noch Ambitionen hat, wird er nicht zusammenbrechen. Das ›Eindringen in die Tiefe‹, das totale Unschädlichmachen, ist sowohl im Duell als auch in der Feldschlacht sehr wichtig.

Einen neuen Ansatz finden

Wenn du dich im Kampf mit einem Gegner verstrickt hast und festhängst, wenn dein Geist stockt, muss du einen neuen Ansatz suchen. Gib die vergeblichen Bemühungen auf und gehe mit neuem Rhythmus und neuer Taktik an die Sache heran. Ohne Ort, Zeit und Situation zu ändern, kannst du dennoch deine Herangehensweise, deine Einstellung, deinen Geist ändern. Das bedeutet es, einen ›neuen Ansatz‹ zu finden.

Auch in der offenen Feldschlacht ist es notwendig, die Methode des neuen Ansatzes zu verstehen und anzuwenden, wenn es nötig ist. Die Kraft des Wissens der Kampfkünste erlaubt dir dieses Umdenken.

Rattenkopf, Ochsenhals

Rattenkopf und Ochsenhals: Das bedeutet, wenn du mit einem Gegner verstrickt bist, musst du dich nicht nur um die Details des Kampfes kümmern, sondern auch das große Ganze im Blick haben. Starre nicht nur auf den Rattenkopf, sondern hebe die Augen und sieh auch den Hals des Ochsen. Versuche die Situation von oben zu betrachten, wechsle die Perspektive.

Dieser Wechsel von Klein zu Groß ist eine der Essenzen der Kriegskunst. Versuche, dich auch im alltäglichen Leben so zu verhalten, es muss sich in dein Bewusstsein einprägen. Diese Mentalität ist entscheidend für die Kampfkünste, sowohl im großen oder im kleinen Maßstab, im Feld und im Duell. Du kannst nie genug daran arbeiten.

Der Kommandant kennt seine Truppen

»Der Kommandant kennt die Truppe«, der Satz gilt nicht nur für die eigenen Truppen, sondern auch für die gegnerischen – sofern du die Weisheit der Strategie erreichst hast. Betrachte die Gegner für einen Moment als deine eigenen Leute. Das versetzt dich in die Lage, sie zu manipulieren und zu bewegen, wie du willst. Du wirst zum General, die gegnerischen Truppen werden deine Leute. Meistere diese Kunst.

Den Griff loslassen

›Den Griff loslassen‹ hat verschiedene Bedeutungen. Es kann bedeuten, ohne Schwert zu gewinnen; es kann aber auch heißen, ein langes Schwert zu haben und dennoch nicht zu gewinnen. Diese unterschiedlichen Aspekte lassen sich nicht aufschreiben, sondern das müssen wir bei gründlicher Übung und Schulung besprechen und trainieren.

Wie eine Felswand sein

›Wie eine Felswand[58] sein‹, bedeutet, du hast die Meisterschaft erreicht, so hart, unnachgiebig und unüberwindlich, wie eine Feldwand zu werden. Selbst zehntausend Waffen können dich dann nicht berühren. Das die Meisterschaft, die auf mündlicher Überlieferung beruht.

---

[58] Einmal fragte ein Führer: »Was soll dieser ›Felsenkörper‹ bedeuten?« Darauf rief Musashi seinen Schüler Terao Ryuma Suke herbei. Als Terao auftauchte, befahl Musashi ihm, sich umzubringen, indem er seinen Unterleib aufschnitt. Gerade als Terao den Schnitt machen wollte, hielt Musashi ihn zurück und sagte zum Fragesteller: »Dies ist der ›Körper des Felsens«. (Zitiert nach Victor Harris).

Epilog

DIE OBIGEN AUSFÜHRUNGEN beschäftigen sich mit den Dingen, die beim Praktizieren meiner Schwertkunst der Ichi-Schule ständig eine Rolle spielen. Da ich diese Prinzipien nun zum ersten Mal niederschreibe, mag die Reihenfolge dieser essentiellen Dinge etwas durcheinander geraten sein, und es ist schwierig, sie zu kategorisieren. Dennoch sind es Richtlinien. Dieses Buch ist ein spiritueller Führer für den Mann, der diesen Weg lernen möchte.

Seit meiner Jugend gehört mein Herz den Kampfkünsten. Ich habe meine Hände und meinen Körper zur Beherrschung der Schwertkunst trainiert und mich dem Erlangen der vielen spirituellen Haltungen des Schwertfechtens verschrieben. Was ich bei der Untersuchung anderer Schulen sehe, ist, dass einige der Lehrer anmaßende Redner sind, und andere trickreiche Manöver im Gefecht ausführen. Auch wenn das für manche Menschen beeindruckend aussehen mag, vermisse ich dort das wahre Herz des Kämpfers.

Nach außen hin scheint es, als trainierten sie in diesen Schulen Körper und Geist. In Wirklichkeit werden sie, wenn sie so oberflächlich lehren, zu einer Gefahr für den wahren Weg des Schwertkampfes. Negative Einflüsse bleiben lange bestehen. Sie sind die Grundlagen des Verfalls des wahren Wegs der Kampfkünste. Dekadenz führt zum Aussterben.

Der wahre Weg des Schwertfechtens ist das Handwerk, den Feind in einem Kampf zu besiegen, und nichts anderes als das. Wenn du die Weisheit meiner Strategie erreichst und dich daran hältst, sie ungekünstelt und geradewegs umzusetzen, brauchst du niemals an deinem Siege zu zweifeln.

Im zweiten Jahr von Shoho (1645), der fünfte Monat, der zwölfte Tag,
Shinmen Musashi

DAS BUCH DES WINDES

EIGENARTEN ANDERER SCHULEN

IN DER STRATEGIE musst du die Wege und Mittel anderer Schulen kennen, daher schreibe ich in dieser Schriftrolle des Windes über verschiedene andere Kampfkunst-Traditionen. Ohne Kenntnis der Wege anderer Schulen ist es schwierig, die Essenz meiner Ichi-Schule zu verstehen.

Wenn wir uns andere Schulen ansehen, finden wir einige, die sich auf Kampftechniken mit extralangen Schwertern spezialisiert haben. Andere praktizieren ihre Wissenschaft mit einem kürzeren Langschwert, bekannt als ›Kodachi‹. Einige Schulen lehren Geschicklichkeit in einer großen Anzahl von Schwerttechniken. Die Schwertführung bezeichnen sie dabei als formale Technik, oder ›Oberfläche‹, die Strategie nennen sie ›Wissenschaft‹ oder ›das Innere‹.

In dieser Schriftrolle werde ich die Tatsache klar herausstellen, dass keiner davon der wahre Weg ist. Ich benenne, was Laster und Tugenden in der Kampfkunst sind, was Recht und was Unrecht ist. Das Prinzip meiner Individualschule ist anders. Andere Schulen verdienen sich ein Zubrot, indem sie Blumen züchten und Farben mischen, sie verkleiden sich, posieren und kommerzialisieren ihre Kampfkünste. Das ist definitiv nicht der wahre Weg der Strategie.

Einige der Strategien der Welt befassen sich nur mit dem Schwertfechten und beschränken ihr Training darauf, das Langschwert und die Körperhaltung zur Geltung zu bringen. Aber glaubst du, du hast erkannt, wie man den Sieg erringt, indem du einfach nur lernst, ein langes Schwert zu führen und deinen Körper und deine Hände zu bewegen? Das ist nicht die Essenz des Weges.

Ich habe in diesem Buch alle Mängel anderer Schulen aufgedeckt. Du musst diese Dinge gründlich studieren, um den Nutzen meiner Ni Ten Ichi Zwei-Schwerter-Schule zu schätzen.

Andere Schulen, die extra lange Schwerter verwenden

Einige andere Schulen haben eine Vorliebe für überlange Schwerter. Es sind aus der Sicht meiner Strategie schwache Schulen, weil sie das Prinzip, den Feind mit allen zur Verfügung stehenden Mittel zu überwinden, nicht zu schätzen wissen. Sie verlassen sich zu sehr auf die Tugend ihrer Langschwerter und glauben, den Feind stets aus der Distanz besiegen zu können.

Das herkömmliche Sprichwort, dass schon ein einziger Zentimeter Reichweite einen Vorteil bringt, gilt für Menschen, die nichts von Kampfkunst verstehen. Es zeigt die unterlegene Strategie eines schwachen Geistes, dass Männer alleine auf die Länge ihres Schwertes angewiesen sein sollten. Deshalb halte ich diese Schule der Kampfkunst für schwach.

Ich nehme an, es gibt einen Grund für die betreffende Schule, extra lange Schwerter als Teil ihrer Lehre zu verwenden, aber wenn wir dies mit der Kampfpraxis vergleichen, ist es unvernünftig. Ein Kurzschwert zu benutzen, heißt nicht automatisch, zu verlieren. Im Nahkampf wird ein unbewegliches Langschwert schnell zur Last. Du bist dann demjenigen gegenüber im Nachteil, der ein kurzes Seitenwaffenschwert zuckt.

Angenommen, die örtliche Situation ist so, dass der Raum nach oben oder zu den Seiten hin begrenzt ist. Oder angenommen, du bist in einer Situation, in der du dein Langschwert gar nicht zur Hand hast: Sich hier zuerst einmal ein extra langes Schwert herbeizuwünschen, ist eine schlechte Einstellung, weil es deine Fähigkeit in jeder Situation zu bestehen, in Frage stellt. – Schließlich ein weiterer Punkt: Es gibt auch Schüler, denen die physische Kraft für ein Langschwert auf die Dauer fehlt. Gerade die müssen viel mehr Techniken als nur das Langschwert beherrschen.

Seit der Antike heißt es, dass das Große das Kleine einschließt. Es geht also keineswegs darum, das Langschwert prinzipiell abzulehnen. Es geht aber darum, die Voreingenommenheit zugunsten des Langschwerts abzulegen.

Sehen wir uns eine Analogie an: In der großen Feldschlacht entspricht ein überlanges Schwert einem großen Kontingent von Männern, ein kürzeres einem kleinen Kontingent. Können nicht wenige gegen viele kämpfen? Es gibt viele Beispiele, wo wenige Männer viele besiegten.

Deine Strategie ist ungenügend, wenn dein Herz beim Kampf auf engstem Raum zum Langschwert neigt. Darum gibt es in meiner individuellen Schule eine Abneigung gegen eine engstirnige, voreingenommene Haltung. Bedenke das und studiere das.

Der starke Langschwertgeist in anderen Schulen

So etwas wie ›starke Schwertschläge‹ oder ›schwache Schwertschläge‹ sind ein falsches Konzept. Wenn ein Schwertschwung, in der Absicht ausgeführt wird, möglichst kraftvoll zu sein, gerät er grob. Doch mit Grobheit alleine kannst du nicht gewinnen.

Wenn du außerdem mit unangemessener Kraft schlägst, um den Gegner mit einem mächtigen Schwerthieb niederzustrecken, wirst du keinen Erfolg haben. Selbst in einer Übungssituation ist es schlecht, zu heftig zu schlagen.

Wenn du die Schwerter im Kampf mit dem Feind kreuzt, geht es nicht darum, daran zu denken, ihn entweder stark oder schwach zu treffen, sondern nur daran, ihn zu treffen. Konzentriere dich nur darauf, den Feind auszuschalten. Lass dich nicht von einer gewünschten Hiebkraft deiner Schläge ablenken. Triff ihn, das ist alles.

Wenn du das Schwert eines anderen mit einem extra starken Schwung triffst, wird dabei dein eigenes Schwert mitgerissen, und der nächste Schlag verzögert sich. Einen besonders entscheidenden starken Schwerthieb gibt es also nicht. Und der Spruch »Die stärkste Hand gewinnt« ist irreführend.

Selbst in der Feldschlacht im großen Maßstab: Wenn du ein mächtiges Kontingent hast, das einen kraftvollen Sieg in der Schlacht anstrebt, ist es Tatsache, dass der Gegner auch mächtige Leute hat und energisch kämpfen wird. Wenn beide annähernd gleich stark sind, kann man ohne das richtige Prinzip nicht gewinnen.

Der Geist meiner Schule ist es, durch die Weisheit der Strategie zu gewinnen, ohne auf Kleinigkeiten zu achten und ohne dogmatisch zu sein. Der Kern der Sache besteht darin, die Kraft des Wissens der Kampfkünste zu nutzen, um auf jede erdenkliche Weise den Sieg zu erringen. Verstehe das.

Die Verwendung des kürzeren Langschwerts in anderen Schulen

Doch auch zu denken, nur mit einem kürzeren langen Schwert zu gewinnen, ist nicht der wahre Weg.

Seit der Antike werden Lang- und Kurzschwerter in der Terminologie als Tachi und Katana[59] unterschieden. Körperlich starke Menschen können sogar ein enormes Schwert mit Leichtigkeit führen, daher ergibt es für sie keinen Sinn, öfter als nötig ein kürzeres Schwert zu benutzen. Denn der Gegner benutzt auch Speere und Hellebarden, die auf Länge setzen. – Einige Männer führen ein kürzeres Langschwert mit der Absicht, einen Gegner in der Pause zwischen zwei Langschwert-Schlägen zu treffen. Diese Technik ist einseitig und daher schlecht.

Wenn man auf diese Art von ›Lücken‹ wartet, wird alles andere vernachlässigt, und es entsteht ein Gefühl der Verstrickung, das es zu vermeiden gilt. Wenn du versuchst, mit einer kurzen Waffe die feindliche Verteidigung zu durchdringen und die Initiative zu

---

[59] Die Bedeutung der Bezeichnungen änderte sich im Lauf der Jahrhunderte. Vor Musashis Zeit war das ›Tachi‹ das Langschwert und ein ›Katana‹ ein etwas kürzeres, leichteres Langschwert. Heute bezeichnet man ein Langwert in der Regel als ›Katana‹, ein kürzeres Seitenschwert als ›Wakizashi‹.

übernehmen, wird das scheitern, sobald du auf mehr als einen Gegner triffst.

Selbst wenn du denkst, dass du mit einer kürzeren Waffe die Fähigkeit gewinnst, eine Menschenmenge zu durchschneiden, frei zu springen und herumzuwirbeln, befindest du dich dabei in jedem Fall in einem defensiven Modus des Schwertkampfes und bist daher nicht Herr der Lage. Dies ist kein zuverlässiger Weg.

Diese Logik gilt auch für die Feldschlacht. Der sichere Weg zum Sieg besteht darin, den Feind auf verwirrende Weise herumzujagen und ihn mit stark und gerade gehaltenem Körper dazu zu bringen, auszuweichen. Wenn alle anderen Parameter gleich sind, kannst du genauso gut ein großes Kontingent an Männern (statt ein kleines) nehmen, den Feind plötzlich angreifen und ihn sofort zerstören. Der Weg soll ein gerader sein. Diese Haltung steht im Mittelpunkt der Kampfkunst. Es ist der Weg, der einzig und allein auf den sicheren Sieg abzielt.

Was die Männer in den Kampfschulen normalerweise lernen, ist zu parieren, abzulenken, auszuweichen und sich zurückzuziehen. Sie verfestigen sich in dieser Gewohnheit, und werden so am Ende von anderen manövriert und manipuliert. Doch dein Weg der Strategie soll geradlinig und wahr sein. Du musst es sein, der den Gegner herumjagt und ihn dazu bringt, deinem Geist zu gehorchen. Nicht umgekehrt. Studiere dies.

Den Langschwert-Kampf überfrachten

Der Einstellung des Langschwerts maximale Bedeutung beizumessen, ist eine falsche Denkweise. Wenn eine übermäßige Anzahl von Schwertbewegungen gelehrt wird, geht es meist darum, die Kunst zu kommerzialisieren und Anfänger mit dem Wissen über viele Manöver mit dem Schwert zu beeindrucken. Das kann amüsant sein, solange es keinen Feind gibt.

Es ist eine Täuschung zu glauben, dass es alle möglichen Arten gibt, Menschen niederzumachen. Egal ob du ein Kämpfer, eine Frau oder ein Kind bist: es gibt für dich nur eine begrenzte Anzahl von Methoden, einen Menschen schnell zu töten. Und wenn es Varianten gibt, sind es Varianten des Stechens und des Hiebes.

Dinge wie das ›Verwirren‹ eines Gegners mit einer Drehung der Hände, einer Drehung des Körpers oder einem Sprung in die Ferne sind, wenn sie nicht zielführend sind – also nicht mit einem tödlichen Schlag enden – der falsche Weg. Man kann keinen Gegner durch Drehen oder Herumwirbeln niedermähen. Das sind nutzlose Manieriertheiten.

Ungewöhnliche Varianten sind für Situation geeignet, in denen die Beweglichkeit eingeschränkt ist, im Einzelkampf durch beengten Raum, durch Hindernisse. Im großen Stil, in der Schlacht, können diese Hindernisse Burgen, Gräben oder Schlachtaufstellungen sein. – Im individuellen Duell musst du immer darauf bedacht sein, die Führung zu übernehmen und anzugreifen. Ebenso musst du als Heerführer in der Schlacht darauf bedacht sein. Verschwende deine Zeit nicht mit Schauparaden.

In der strategischen Feldschlacht musst du den Gegner aus dem Gleichgewicht bringen. Greife dort an, wo sein Geist nachlässt, bringe ihn in Verwirrung, irritiere und erschrecke ihn. Wenn die Herzen der Gegner dazu gebracht werden, sich zu drehen und zu wirbeln, bist du am Zug. Nutze das Aus-dem-Takt-Geraten des Feindes. Wenn er unruhig ist, kannst du gewinnen.

Verteidigung und Attacke in anderen Schulen

Ich mag die Abwehrposition, die »Wächter« genannt wird, nicht. Ein Wachtposten nutzt nur dort etwas, wo es keine aktiven Gegner gibt. In meiner Schule gibt es etwas, das wir »Wächter – keine Wächter« nennen. Während eines tatsächlichen Kampfes kann man keine Standardregeln und Verhaltensmuster abarbeiten. Nein, es geht nur darum, den Gegner zu verwirren oder zu irritieren, ihn zu erschrecken, seinen Rhythmus zu stören, und, wenn er aus dem Tritt gerät, ihn niederzustrecken. Eine fixierte Wächterposition hat nur im Stellungskampf einen Sinn, nicht in einem dynamischen Geschehen. Daher gibt es in meiner Schule etwas, das wir »Wächter ohne Wächter« nennen, was bedeutet, dass du eine Verteidigung hast, ohne defensiv zu sein.

In der offenen Feldschlacht besteht das Hauptanliegen darin, zu erfahren, wie viele Truppen der Gegner hat und die Lage des Schlachtfelds zu erkunden. Auf der eigenen Seite den Zustand der Truppen zu kennen und ihre besten Qualitäten dort aufzustellen, wo es sinnvoll ist. Mit dieser Vorkenntnis kann man entscheiden, ob man abwartet oder den ersten Schritt tut. Dann kann der Kampf beginnen.

Die Taktik, zuerst anzugreifen, ist völlig anders als jene, angegriffen zu werden. Einen Angriff gut zu ertragen, setzt eine starke Haltung und Position voraus, mit einer Mauer aus Speeren und Hellebarden. Wenn du statt dessen attackierst, kannst du mit allen Mitteln arbeiten, du kannst sogar Pfähle aus der Mauer reißen und sie als Speere oder Hellebarden einsetzen. Die Verteidigung ist ein statisches Geschehen, der Angriff ein dynamisches.

Der Fokus der Augen in anderen Schulen

Manche Schulen behaupten, dass die Augen auf das Langschwert des Feindes fixiert sein sollten, andere richten ihr Hauptaugenmerk auf die Hände, wieder andere beobachten das Gesicht des Gegners und wieder andere richten die Augen auf die Füße, und so weiter. Wenn du aber versuchst, deine Augen auf einen bestimmten Punkt zu richten, entwickelst du einen Tunnelblick und dies führt zu dem, was in den Kampfkünsten als Niedergang bezeichnet wird.

Ich werde das an einem Beispiel erklären. Fußballspieler[60] fixieren ihre Augen nicht auf den Ball. Sie können ihn sich aber trotzdem mit einem Kick wegschnappen und herumdribbeln, denn wenn man

---

[60] Eine Art Fußballspiel war im alten Japan ein Hofspiel. Es gibt einen Hinweis darauf im Roman ›Genji Monogatari‹, geschrieben um das Jahr 1000 von der Hofdame Murasaki Shikibu.

in etwas gründlich geübt ist, muss man nicht gezielt hinsehen. Auch Jongleurkünstler, wenn sie Meisterschaft haben, können sogar eine Tür auf der Nase balancieren und mehrere Schwerter gleichzeitig jonglieren, ohne hinzusehen. Sie haben die Bewegungsabläufe so verinnerlicht, dass ein Hinsehen nicht nötig ist.

Das Gleiche gilt für den Schwertkampf: Wenn du geübt bist, kannst du die Entfernung und Geschwindigkeit eines Schwertes erkennen, ohne hinzusehen. Im Allgemeinen sollte der Fokus der Augen in der Kampfkunst daher auf den Herzen und Köpfen der beteiligten Personen liegen. Im Zweikampf darfst du also die Augen nicht auf die Details verlieren, wie ich bereits sagte. Denn dadurch wird dein Geist verwirrt, und der Sieg wird dir entgehen.

Auch in der Strategie der Feldschlacht musst du den Blick auf das große Ganze werfen. Von den zwei Arten der Wahrnehmung, Beobachten und Sehen, ist das beobachtende Auge stärker. Nimm das Herz und den Verstand des Gegners wahr, erkenne die Lage. Fokussiere also die Augen nicht, sondern lass sie schweifen und analysiere gleichzeitig.

Ob in der Feldschlacht oder im Duell: ein enger Fokus ist schlecht. Erforsche dieses Prinzip und trainiere es fleißig.

Beinarbeit in anderen Schulen

Es gibt verschiedene Methoden des Fußeinsatzes, die zum Beispiel als schwebender Schritt, springender Schritt, stampfender Schritt, Krähenschritt und so weiter bekannt sind. Aus Sicht meiner Kampfschule erscheinen all diese nicht befriedigend.

Der Grund, warum ich den schwebenden Schritt nicht mag, ist, dass die Schritte im Kampf sowieso häufig instabil werden. Doch der Weg muss fest beschritten werden. Ich mag es auch nicht, mit dem Fuß zu springen, weil es ein Gefühl der Aufregung und eine Fixierung auf das Springen mit sich bringt. Ein springender Fuß verursacht einen springenden Geist, der unentschlossen ist. Es gibt keinen wirklichen Grund, den springenden Schritt einzusetzen. Diese Gewohnheit ist also schlecht.

Auch der Federschritt ist wirkungslos, weil er ein Gefühl der Begrenzung gibt. Der stampfende Schritt gibt eine passive Haltung und ist besonders unangenehm. Abgesehen von diesen gibt es auch noch weitere Schnellschritte wie den Krähenschritt.

Was auch gegen diese Fußtechniken spricht: Manchmal begegnest du dem Feind auf Marschland, sumpfigem Boden, Flusstälern, steinigem Boden oder engen Straßen. In diesen Situationen ist es ohnehin unmöglich, zu springen, zu stampfen oder schnelle Schritte zu machen.

In meiner Strategie gibt es keine spezielle Beinarbeit. Ich gehe immer so, wie ich es auf der Straße tue. Du darfst nie die Kontrolle über deine Füße verlieren. Bewege dich je nach Rhythmus des Gegners schnell oder langsam, passe deinen Körper nicht zu viel und nicht zu wenig an.

Auch in der groß angelegten Feldschlacht ist die Beinarbeit, metaphorisch gesprochen, entscheidend. Der Grund dafür ist, dass, wenn du wahllos angreifst, ohne die Absichten des Gegners zu kennen, den Schritt-Rhythmus verpasst und es schwer haben wirst, zu gewinnen. Wenn du dich selber hektisch oder springend bewegst, wirst du die Unordnung des Feindes nicht erkennen und nicht ausnutzen können, und du wirst den Kampf nicht schnell beenden können. Du kannst gewinnen, indem du die Unordnung und Verwirrung des Feindes ausnutzt und ihn nicht einen Moment entspannen lässt. Dies erfordert gründliche Ausbildung und Übung.

Die Bedeutung der Schnelligkeit

Geschwindigkeit ist nicht Teil des wahren Weges der Strategie. Denn es geht nicht darum, etwas schnell oder langsam zu tun, sondern darum, es im richtigen Rhythmus und mit dem besten Timing zu tun. Es geht also nicht um Schnelligkeit, sondern um Timing.

Wenn du Meister in einer Sache bist, scheinst du gar nicht schnell zu arbeiten. Es gibt professionelle Kurierläufer, die an einem Tag hundert oder hundertzwanzig Meilen zurücklegen können. Dass heißt aber nicht, dass sie von morgens bis abends hetzen und laufen. Ungeübte Läufer hingegen scheinen den ganzen Tag gelaufen zu sein, erreichen das Ziel aber dennoch nicht.

Bei der Kunst des Tanzes können versierte Darsteller beim Tanzen singen, aber wenn Anfänger dies versuchen, werden sie langsamer und ihr Geist wird abgelenkt. Die Melodie der »alten Kiefer«[61], die auf einer Ledertrommel geschlagen wird, ist ein ruhiges Stück, aber wenn Anfänger versuchen, es zu spielen, weichen sie vom Tempo ab und werden mal zu schnell, mal zu langsam. Geübte Spieler können einen schnellen Rhythmus bewältigen, aber schnell heißt nicht hastig. Und auch wenn das Stück »Hohe Dünen« ein schnelles Tempo hat, ist es falsch, es hastig zu spielen. Wie das Sprichwort sagt: der Schnelle stolpert und kommt nicht rechtzeitig an.

Natürlich ist auch Langsamkeit keine Tugend. Der Auftritt eines Experten wirkt entspannt, nicht hektisch, aber lückenlos und zügig. Die Aktionen geschulter Leute wirken nicht überstürzt. An diesen Beispielen ist das Prinzip ersichtlich.

Was man gemeinhin als Schnelligkeit bezeichnet, ist besonders schlecht in der großen Feldschlacht, denn es gibt viele Situationen, Sumpf oder Morast usw., wo es gar nicht möglich ist, Körper und Beine schnell zu bewegen. Und noch weniger, wenn du hier ein Langschwert mit dir führst, das dich noch unbeweglicher macht, und das vielleicht völlig nutzlos wird – anders als ein Fächer[62]- oder Kurzschwert es hier wäre.

In der groß angelegten Feldschlacht ist das Gefühl von Schnelligkeit und Eile schlecht. Mit der Technik »das Kissen niederhalten« (vgl. Abschnitt: »Das Kleinhalten des Potentials«) brauchst du keine Hektik, bist aber auch nicht langsam. Wenn der Gegner rücksichtslos eilt, musst du gegensätzlich handeln und Ruhe bewahren. Lass dich nicht von der Hektik des Gegners anstecken. Trainiere fleißig, um diese Einstellung zu erreichen.

---

[61] Alte Kiefer: ›Komatsu Bushi‹, eine alte Melodie für Flöte oder Leier

[62] Uchiwa-gatana, ca. 30 cm lang, die Klinge verbreitert sich zur Spitze hin

Esoterik und Exoterik in anderen Schulen

In der Kampfkunst gibt es – anders als in der Kunst – keine Unterscheidung zwischen ›Innerer Oberfläche‹ (›Das Tor‹[63]) und ›Oberfläche‹ zwischen esoterisch oder exoterisch. Im praktischen Kampf gibt es die philosophische Trennung wie Kämpfen ›an der Oberfläche‹ und Hiebe setzen und Töten ›mit dem Inneren‹ nicht. Es geht nicht darum, exoterisch zu kämpfen und esoterisch zu töten. Es geht nur um Siegen.

Wenn ich Schüler unterrichte, bringe ich ihnen zuerst die Techniken bei, die leicht zu lernen sind und die sich leicht üben lassen. Verbunden damit sind die Prinzipien, die sich leicht verstehen lassen. Danach erst bemühe ich mich, die tieferen Prinzipien zu erklären, abhängig von den Fähigkeiten und Fortschritten des Schülers. Der Weg zum Verständnis führt über die Erfahrung, nicht über ein philosophisches Konzept wie ›Innerer Oberfläche‹ und ›Oberfläche‹, Esoterik und Exoterik.

Wenn du in dieser Welt in die Berge gehst und dich entscheidest, tiefer und noch tiefer zu gehen, wirst du an einem Punkt des Verständnisses ankommen, an einem Höhengrat vielleicht, von dem du weitersiehst. In jeder Kunst oder Wissenschaft gibt es diskrete, verborgene Dinge einerseits, und das Offensichtliche andererseits. Was aber soll das im Kampf sein? Im Kampf geht es nur um Überleben und Töten. Alles ist offensichtlich.

Dementsprechend kümmere ich mich bei der Weitergabe meiner Wissenschaft nicht um schriftliche Dogmen oder Paragraphen. Indem ich die Fähigkeiten meiner Schüler wahrnehme, lehre ich den direkten Weg, entferne den schlechten Einfluss anderer Schulen und führe die Schüler allmählich auf den wahren Weg des Kriegers. So werden sie auf natürliche Weise in die wahre Wissenschaft der

---

[63] ›Das Tor‹ (Naikan): Ein Schüler, der sich in eine Schule einschreibt, wird durch das ›Tor des Dojo‹ gehen und sich damit auf den sprituellen Weg des Schwertes begeben.

Krieger eintreten, und ihr Geist wird frei von Zweifeln sein – das ist die Art, in der ich die Kampfkünste unterrichte. Das geht nicht ohne fleißiges Training.

Epilog

IN DEN NEUN OBIGEN ABSCHNITTEN habe ich versucht, einen Überblick über die Strategie anderer Schulen zu geben. Nun könnte ich fortfahren, indem ich diese Schulen eine nach der anderen von der Philosophie bis zum Spirituellen, von ihren Geheimnissen bis hin zum Offensichtlichen hin beschreibe, aber das habe ich jetzt bewusst unterlassen.

Verschiedene Schulen geben nun einmal unterschiedliche Interpretationen der Lehren. Selbst in derselben Schule gibt es geringfügige Verständnisunterschiede. Wie die Vorlieben und Meinungen von Menschen unterschiedlich sein können, so gibt es auch unterschiedliche Vorstellungen zur Kampfkunst. Den Lesern zuliebe will ich dem Überflüssigen hier aber nicht allzu viel Raum geben.

Ich habe oben die allgemeinen Tendenzen anderer Schulen in neun Punkten aufgezeigt, und wenn wir sie klar betrachten, sehen wir, dass Menschen immer gewisse Präferenzen für eine Methode haben, seien es Langschwerter oder Kurzschwerter, sei es Aggression oder Defensive, hektische Beinarbeit oder Ruhe. Doch diese Vorlieben sind ausgetretene Pfade und verdecken den Blick auf das Wesentliche. Darum möchte ich mich nicht mit den Motiven dieser Schulen, seien es spirituelle oder taktische, befassen.

In meiner Ichi-Schule des Langschwerts gibt es keine Unterscheidung zwischen philosophischer Basis und äußerer Haltung. Alles ist eins. Man muss seinem Geist treu bleiben, seine eigenen effektiven Qualitäten verstehen und zum Vorteil umsetzen. Kurz: Siegen. Das ist die Tugend der Strategie der Kampfkunst.

Im zweiten Jahr von Shoho (1645), der fünfte Monat, der zwölfte Tag,

Shinmen Musashi

DAS BUCH DER LEERE

INTUITION IST EBENSO WICHTIG WIE
INTELLEKTUELLES LERNEN DER REGELN

DER STRATEGIEWEG meiner Zwei Schwerter-Schule von Ni Ten Ichi ist in diesem Buch der Leere aufgezeichnet. Leere geht über das menschliche Wissen hinaus. Indem du Dinge siehst, die existieren, vermeinst du auch zu wissen, was nicht existiert. Das ist aber eine indirekte Beschreibung durch das Ausschlussprinzip. Was Leere wirklich bedeutet, kannst du nicht verstehen.

Die Menschen sehen die Dinge ein wenig falsch und denken, dass das, was sie nicht sehen und verstehen, die Leere sein muss. Doch das ist nicht die wahre Leere. Es ist Verwirrung. Auch auf dem Weg der Kriegskunst denken einige Schüler, dass alles, was sie in ihrem Handwerk nicht verstehen können, die Leere ist. Doch Nichtwissen ist keine Leere, sondern Hilflosigkeit.

Um als Krieger den Weg der Strategie zu erreichen, musst du die Kampfkünste vollständig studieren und darfst auch nicht ein bisschen vom Weg des Kriegers abweichen. Schärfe, ohne zu irgendeinem Zeitpunkt nachzulassen, den Geist und die Aufmerksamkeit. Poliere das beobachtende Auge und das sehende Auge. Erst wenn dein Geist nicht im Geringsten getrübt ist, wenn sich die Wolken der Verwirrung verziehen, wirst du in der Lage sein, die wirkliche Leere zu erkennen.

Solange du den wahren Weg nicht kennst – sei es mittels des Buddhismus oder mit Hilfe des gesunden Menschenverstandes – scheinen die Dinge einfach und geordnet. Im normalen Leben aber sind die Dinge nie geordnet und einfach. Menschen lassen sich leicht durch soziale Standards, Geisteshaltung oder persönliche Vorurteile verwirren. So machen sie ihre persönlichen Verzerrungen zur Wirklichkeit. Durchschaue diesen Irrweg.

Dann wirst du dazu kommen, die Dinge im wahren Licht zu sehen. Dein Denken wird sich erweitern, du wirst in die Lage kommen, die Kampfkünste mit Meisterschaft auszuführen – und letztlich wirst du verstehen, was Leere heißt. Wenn du die Leere erkennst, wirst du für andere unsichtbar und im Kampf unbesiegbar.

In der Leere ist Tugend, und nichts Böses, Weisheit existiert, Logik existiert, der Weg existiert, und der Geist ist leer.[64]

Im zweiten Jahr von Shoho (1645), der fünfte Monat, der zwölfte Tag, *Shinmen Musashi*

---

[64] Dieser Satz, hier auf englisch: »In emptiness there is good but no evil. Wisdom exists, logic exists, the way exists, mind is empty« – ist ein Zen-Konzept, das oft in buddhistischen Schriften und Texten zu finden ist. Es bezieht sich auf die Idee, dass die Leere oder das Nichts, das durch die Befreiung von Gedanken und Vorstellungen erreicht wird, die Quelle allen Seins und aller Weisheit ist. Dies ist eine grundlegende Idee des Zen-Buddhismus.

Dieses Buch gibt es auch als eBook, z. B. im amazon Kindle Bookstore